AF291757

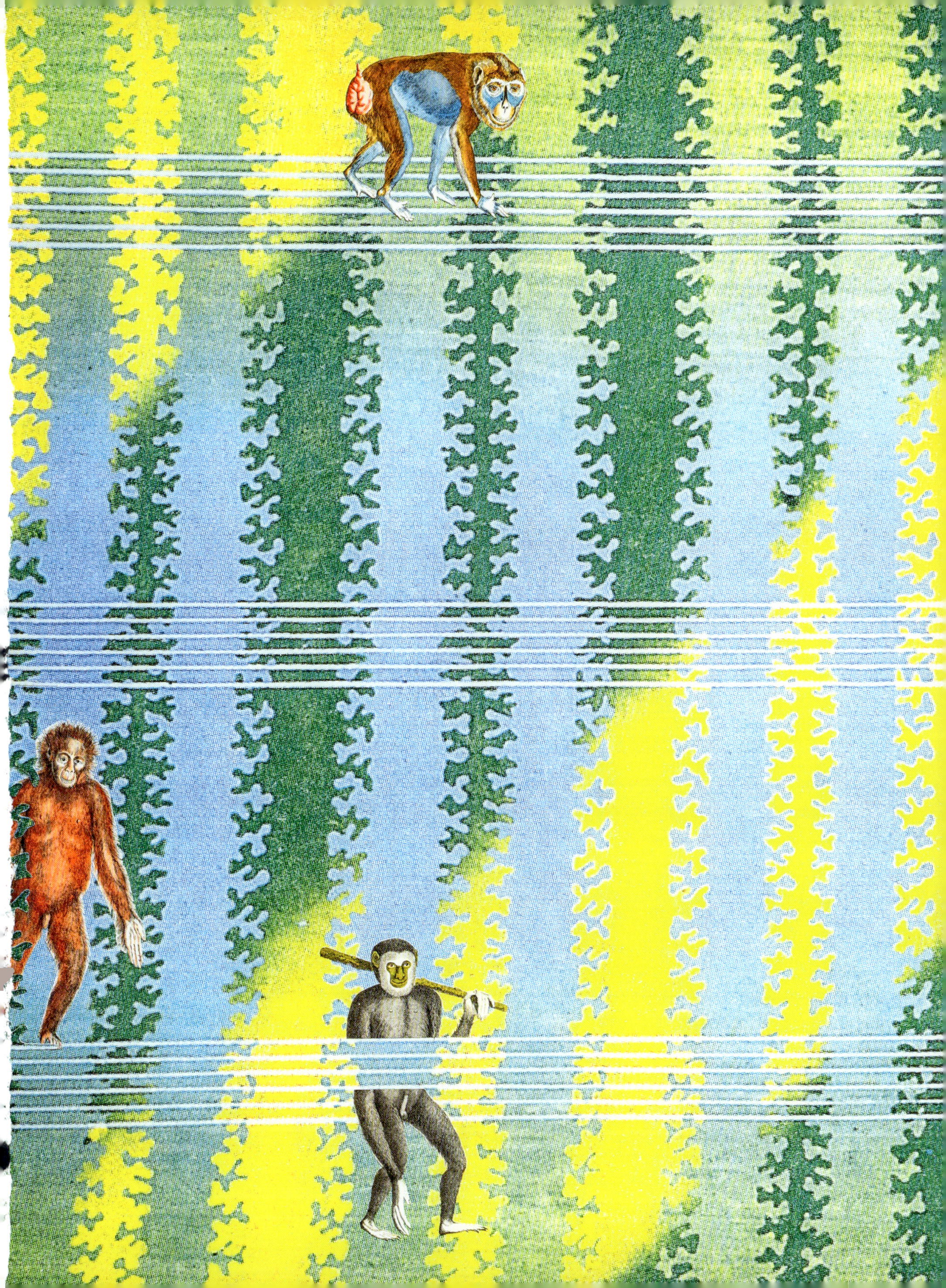

Steinbrener / Dempf & Huber

HEAVEN CAN WAIT

Petra Lange-Berndt

POP! GOES THE WEASEL
Die Habitat Dioramen von Steinbrener/Dempf & Huber

Fängt Kunst, wie es die Philosophen Gilles Deleuze und Félix Guattari vorgeschlagen haben, mit dem Tier und seinem Wohnraum an?[1] Zumindest trifft diese Beobachtung auf das Werk von Steinbrener/Dempf & Huber zu, denn das Kollektiv widmet sich dem Erscheinen der Fauna im urbanen Raum sowie verschiedenen wissenschaftlichen Institutionen. Die Künstler handeln auf diesem Weg die Frage nach der Relation von Natur und Kultur immer wieder erneut aus – ohne dabei auf Humor zu verzichten. So wurde 2015 für *Capricorn Two* [S. 97] die Skulptur eines Steinbocks auf dem Kopf des monumentalen Hamburger Bismarck-Denkmals, das zwischen 1901 und 1906 im Alten Elbpark errichtet worden war, platziert. Das Tier tanzt dem umstrittenen Stadtzeichen auf dem Kopf herum und verwandelt den aus Granit errichteten Reichskanzler in einen pittoresken Kletterfelsen für Ziegen. Eine vergleichbare Arbeit realisierten Steinbrener/Dempf & Huber im Rahmen einer Ausstellung im Kunstraum Dornbirn. Dort steckten zwei Jahre später Spechte als *Kritische Masse* [S. 7] wie Dartpfeile in der Außenfassade und attackierten die Betonwände des Museums. Beide Aktionen wecken die seit der Aufklärungszeit geäußerten Befürchtungen, denen zufolge Geschichte droht, von Natur überwältigt zu werden.[2] Gleichzeitig ist im Werk des Trios eine umgekehrte Bewegung zu verzeichnen, wenn in einer temporären Installation im Tiergarten Schönbrunn in Wien, *Trouble in Paradise* [S. 10], die Spuren der Industrialisierung unübersehbar Einzug in die Gehege der ehemaligen kaiserlichen Menagerie halten. Besonders schockierend erscheinen vor allem die Eingriffe in den Aquarien und Schwimmbecken der Meeresbewohner*innen: Ein Giftfass schwimmt vor dem Korallenriff, oder eine Pumpe fördert im Wasser der Humboldt-Pinguine Öl.[3]

Auch das Projekt *Heaven Can Wait* thematisiert aus der Warte gegenwärtiger ökologischer Krisen, wie der Mensch im Zeitalter des Anthropozäns, oder besser Kapitalozäns,[4] zu einem geologischen Faktor geworden ist. Für das Oberösterreichische Landesmuseum, Schlossmuseum Linz, erstellten Steinbrener/Dempf & Huber im Jahr 2021 auf über 1.000 Quadratmetern fünf sogenannte Habitat Dioramen: *Tokyo Compression* [S. 16–18], *One Size Fits All* [S. 38–40], *Industrial Light and Magic* [S. 62–64], *Up in the Air* [S. 84–86] und eben *Heaven Can Wait* [S. 104–106]. Der Begriff Habitat Diorama bezeichnet überaus naturalistisch gestaltete zoologische Schauräume oder -kästen. Die aufwendigen Anordnungen zeigen meist exemplarische Gruppen präparierter Tiere in mitunter theatralischen Aktionen und modellhaft ihren Lebensraum. Die großformatigen Schaubühnen funktionieren nach dem Prinzip des Guckkastens und bestehen aus einem sorgsam gestalteten Vordergrund, der nahtlos in ein naturalistisches, gebo-

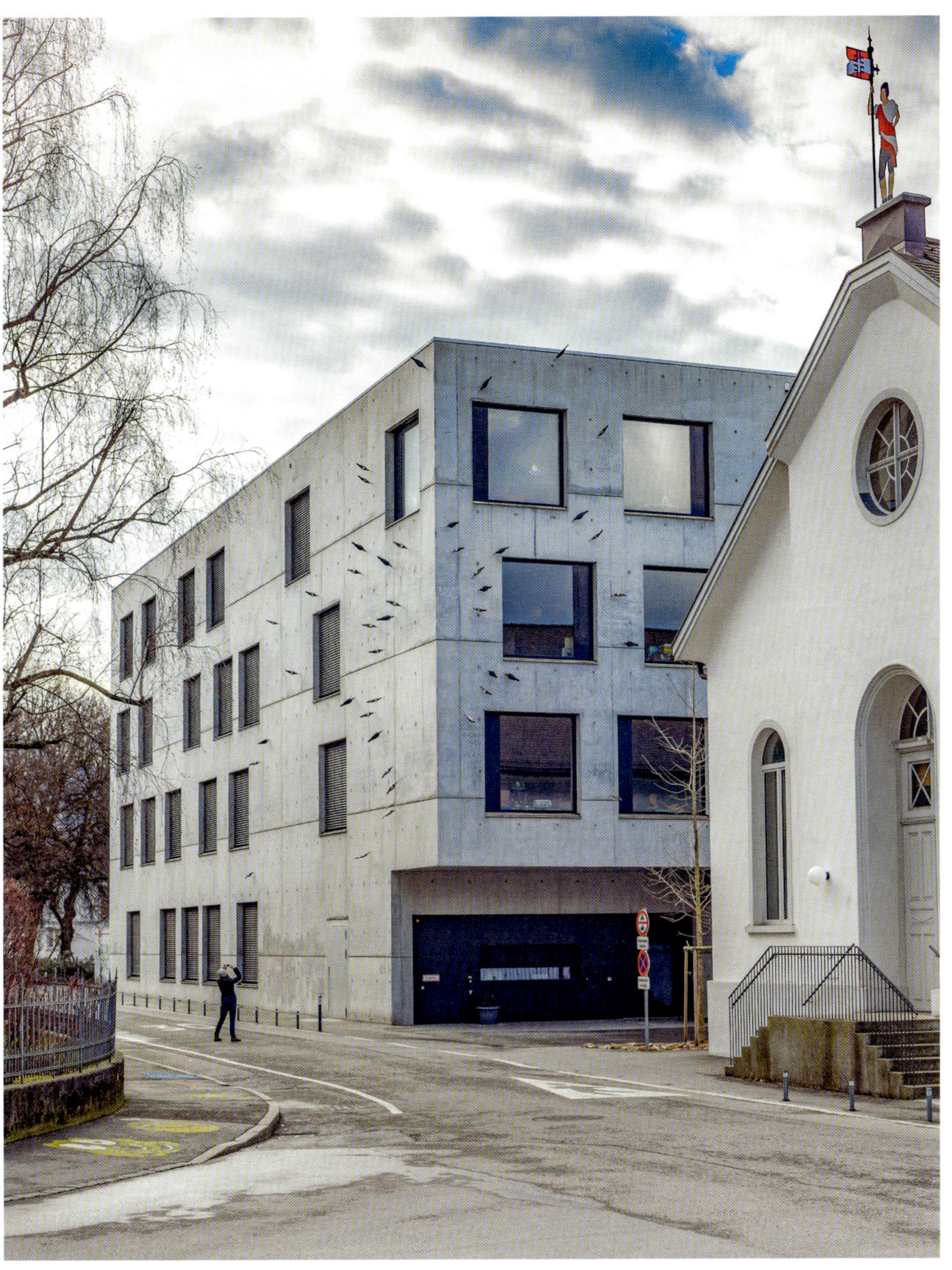

genes Hintergrundbild übergeht; eine Glaswand trennt die jeweilige Szene von ihrem Publikum. Zu sehen sind in Linz unter anderem ein Steinbock, ein Kamel, ein Vogelschwarm sowie eine gemischte Tierherde. Diese Variante eines Museumsdisplays – für Umberto Eco stellt das Diorama gar einen der wirksamsten pädagogischen Apparate dar[5] – entstand Ende des 19. Jahrhunderts in den Vereinigten Staaten von Amerika und dem Königreich Schweden. Als ausdrücklich populäres Medium wurde sie ausschließlich für die öffentlich zugänglichen Schausammlungen konzipiert und dient bis heute der Vermittlung populären Wissens. Habitat Dioramen markieren darüber hinaus die Neuordnung von Sammlungen im Sinne evolutionären Denkens, denn sie zeigen keine isolierten, vereinzelten Tiere, sondern materialisieren komplexe Ökosysteme.[6] Beispielsweise im American Museum of Natural History, New York City, erarbeiteten Zoolog*innen, Künstler*innen und Präparator*innen gemeinsam diese aufwendigen Schaubühnen des Wissens, damit der erwünschte Effekt einer vom Menschen unberührten Natur erzielt werden konnte.[7] Idealerweise galten die statischen Schaustücke, wie es ein Bericht in den 1930er-Jahren beschreibt, als „(…) a section of pulsing wild life transported almost bodily from the field"[8]. Allerdings konnte dieser Wunsch nur verwirklicht werden, indem die Hersteller*innen aufwendig präparierte Tierkörper mit getrockneten oder aus anderen Materialien wie Wachs oder Pappmaché gefertigten Pflanzen sowie durch Maler*innen erstellten Landschaftsgemälden kombinierten. Darüber hinaus verschweigen die artifiziellen Habitat Dioramen des American Museum of Natural History etwa in der *African Hall* die gewaltvolle Aneignung von Natur oder die Kolonialisierung und Ausbeutung entsprechender Länder.[9] Denn diese Wildnis sollte als von der Zivilisation isoliert dargestellt werden. Aus einem gegenwärtigen Blickwinkel erscheint dieses Format daher gerade nicht als zeitlos, sondern es präsentiert das ideologisch aufgeladene Naturbild seiner Entstehungszeit. Viele Institutionen entsorgten daher die raumgreifenden Einbauten, um aktueller Forschung, Büros, Laboren oder Archiven den Vorrang zu geben. Dabei erzählen Habitat Dioramen gerade von der Wissenschaftsgeschichte dieser Institutionen und sollten als zentrale historische Displays erhalten bleiben.

Umso bemerkenswerter ist es, dass sich in einer Zeit, in der sogenannte Diversity-Walls den Ton anzugeben scheinen, eine Institution wie das Oberösterreichische Landesmuseum im 2009 neu eröffneten Südtrakt des Schlossmuseums Linz dazu entscheidet, ein solch tradiertes Format wiederaufleben zu lassen. Indem Steinbrener/Dempf & Huber Tierpräparate und Knochen aus einer heutigen Perspektive arrangieren, verdeutlichen sie, dass Habitat Dioramen eines kontinuierlichen inhaltlichen Updates bedürfen. Hierfür kooperierten sie mit den Präparatoren des Biologiezentrums in Linz sowie der Tischlerei und dem Aufbauteam im Schlossmuseum. Sie stehen damit auch in einer langen Tradition moderner und zeitgenössischer Kunst, die sich – etwa im Werk von Mark Dion oder Dominique Gonzalez-Foerster – mit dem Diorama als installativer Anordnung von Materialien, Dingen und verräumlichten Narrationen auseinandersetzt.[10] Das 1833 gegründete Universalmuseum an der Donau vereint heute im Schlossmuseum Exponate aus Natur-, Kultur- und Kunstgeschichte; eine naturkundliche Sammlung befindet sich darüber hinaus im Biologiezentrum.

Besucher*innen der Ausstellung von Steinbrener/Dempf & Huber betreten, hier entspricht die Installation ihren historischen Vorbildern aus dem 19. Jahrhundert, einen dunklen, fensterlosen Raum; dabei werden die Schaubühnen von innen auratisch beleuchtet. In einem vergleichbaren Projekt des Künstlertrios, das 2012 für das Naturhistorische Museum in Wien entstand, existierten auch Habitat Dioramen, die reale Lebenssituationen von Tieren in der Gegenwart zeigten, etwa Affen, die sich in dem *urban jungle* [S. 29] von Mumbai tummelten.[11] Die fünf Szenen in Linz bieten in Zeiten der globalen Klimakrise und der Pandemie jedoch ausschließlich einen Blick in die Zukunft. Diese weltumspannende, planetarische Perspektive wird in *One Size Fits All* direkt angesprochen: Das Publikum betrachtet die Erde vom Weltall aus. Doch schwebt selbst hier bereits reichlich Zivilisationsmüll, Tierknochen und ein rotes Sofa, das vom Cover des titelgebenden Albums von Frank Zappa und den Mothers of Invention aus dem Jahr 1975 stammt und seitdem seine Runden im outer space zu drehen scheint. Die historischen Habitat Dioramen markieren durch ihre Entstehungszeit um 1900 den Zeitpunkt, an dem die Ausbeutung natürlicher Ressourcen in eine kritische Phase eintrat.[12] Displays mit präparierten Bisons etwa entstanden in den USA in dem Moment, als dieses Tier vom Aussterben bedroht war und die Regierung die mit ihm verbundenen Menschen in Reservate verdrängte.[13] Wie es die Philosophin Donna Haraway treffend beschrieben hat: „Once domination is complete, conservation is urgent."[14] Bei Steinbrener/Dempf & Huber wird dieser Zusammenhang offengelegt. Wir treffen in den fünf Displays eben nicht auf paradiesische Natur, sondern treten folgenden weiteren Szenarien gegenüber: Zu sehen ist in *Industrial Light and Magic* ein Kamel, das auf dem New Yorker Broadway inmitten einer Wiese zu grasen scheint – die Pflanzen stammen jedoch aus Österreich. In *Up in the Air* ist gar keine Landschaft dargestellt, sondern ein aus wissenschaftlichen Illustrationen zusammengefügter Vogelschwarm tritt im Vordergrund durch präparierte Tiere in die

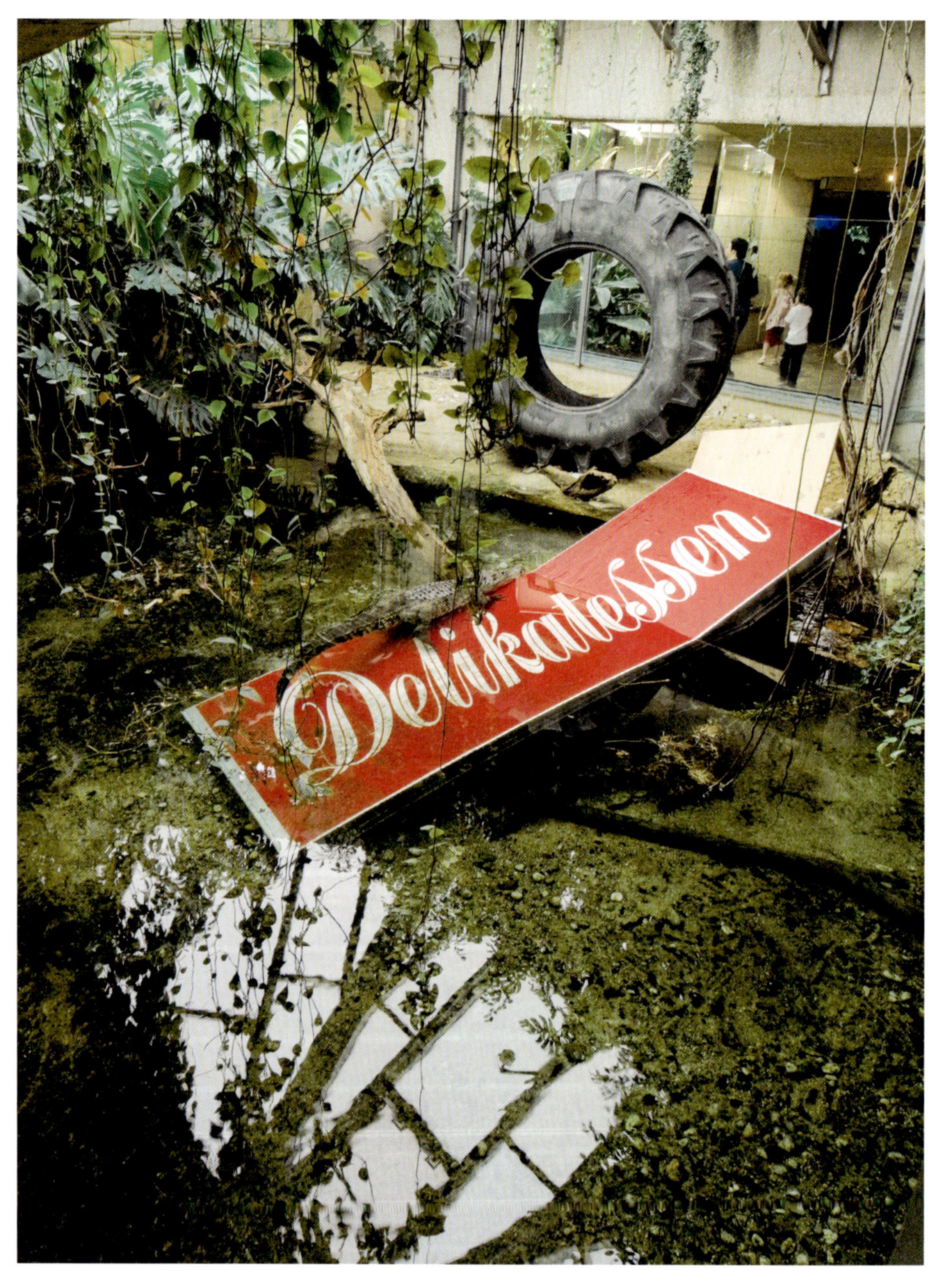Delikatessen

dritte Dimension und interagiert mit einem Reportagefoto von Margaret Bourke-White, das den Bau eines Dioramas mit dem Titel *World of Tomorrow* für die New Yorker Weltausstellung von 1939 zeigt, in dem einer der Kulissenmaler wie King Kong auf einem Wolkenkratzer thront. Den Abschluss bildet für *Heaven Can Wait* ein Biedermeierzimmer, hier treffen Betrachter*innen auf eine ganze Tiergruppe, etwa ein Zebra, einen Kaiserpinguin und einen Wolf. Diese Konstellation ist nur im Zoo oder eben im Museum möglich. Es wird deutlich, dass Territorien ihre Grenzen verloren haben und sich in dieser institutionalisierten Natur überlagern. Neben räumlichen Ordnungen lassen die Habitat Dioramen von *Heaven Can Wait* auch herkömmliche Ordnungen von Zeitebenen kollabieren; dementsprechend orientiert sich *Industrial Light and Magic*, der Name verweist auf das gleichnamige Unternehmen für kinematografische Special Effects, an der Narration eines Spielfilms, *I Am Legend*. Der postapokalyptische Science-Fiction-Film von 2007 stellt New York City nach einer tödlichen Virusepidemie dar.

Zentral für die gesamte Ausstellung ist *Tokyo Compression*, ein Bergpanorama mit Steinbock. Doch sehen wir das Tier nicht als Teil einer erhabenen Natur. Stattdessen klebt der Körper direkt an der Scheibe. Hier ist ein Sprung nicht gelungen; ein *practical joke* in bester Slapstick-Manier. Das Künstlerkollektiv thematisiert also einen Teil der Illusionsarchitektur, der eigentlich unsichtbar bleiben soll, um eine immersive Erfahrung zu gewährleisten. Habitat Dioramen sind Maschinen für die Produktion von Fantasien, genauer unserer Fantasien in Hinsicht auf Natur. Der Verweis auf die Rockmusik von Zappa und den Mothers of Invention liefert bei Steinbrener / Dempf & Huber jedoch den entscheidenden Hinweis, es gilt, ihre Displays nicht allein mit dem Sehsinn wahrzunehmen. Wie im Blockbusterkino mit seinem Surround-Sound, der die Magengrube vibrieren lässt, sollen die Habitat Dioramen von *Heaven Can Wait* aufgrund der Emotionen hervorrufenden Exponate – immerhin handelt es sich unter anderem um tote Tiere – mit dem ganzen Körper erfahren werden. Dabei liegt der Fokus weniger auf der Vermittlung faktischen zoologischen Wissens, sondern es geht darum, die modellhaft dargebotene Realität der Naturkundemuseen als materielle wie installative Anordnung zu reflektieren. Zu diesem Zweck lenken in Linz Punktstrahler die Blicke zusätzlich auf jeweils drei Bilder, die gegenüber jedem Habitat Diorama an der Wand angebracht sind – großformatige, auf Leinwand aufgezogene Papierschnitte, die im Laufe des Arbeitsprozesses entstanden. An dieser Stelle wird die ansonsten verborgene Entstehungsgeschichte der Schaustücke in Naturkundemuseen sichtbar. Eine zentrale Grundlage der historischen Displays war und ist es, dass ihnen eine Expedition in die jeweilige geografische Region vorausgeht. Tiere wurden für die Wissenschaft eigens getötet und Pflanzen oder Mineralien eingesammelt; zudem entstanden Fotografien, Filme oder Skizzen vor Ort – so zumindest das Ideal der Feldforschung. Für Steinbrener/Dempf & Huber gilt in diesem Sinne: „Jedes (…) Projekt ist eigentlich eine Expedition in eine andere Welt."[15] Und diese Reisen, davon erzählen die Bildserien, führten nicht nach Australien, Afrika oder gar ins Weltall, sondern in Bibliotheken, Archive, Sammlungen sowie ins Internet. Für das Trio gibt es keinen Weg zurück zur Natur; das hauptsächliche Ziel seiner Erkundungsfahrten stellen die kulturellen Institutionen dar, durch die sich Vorstellungen von Flora und Fauna in der europäischen Gesellschaft manifestieren. Die Künstler erbeuten Tiere also nicht im Sinne einer ahistorischen oder vermeintlich ursprünglichen Wildnis, sondern als kulturelle Wissensdinge. So stammen alle Präparate aus der Sammlung des Biologiezentrums, lediglich der Steinbock sowie einige Vögel aus *Up in the Air* wurden eigens angefertigt. Der Künstler Robert Smithson fasste diese Gemengelage 1968 bereits folgendermaßen zusammen: „There is nothing ‚natural' about the Museum of Natural History. ‚Nature' is simply another 18th- and 19th-century fiction."[16] Diese Orte sind bei genauerer Betrachtung eben voll mit moderner und zeitgenössischer Kunst, Installationen, Tierskulpturen, Abgüssen oder angewandter Kunst wie Glasvitrinen. Um diesen Punkt zu forcieren, orientieren sich die Posen der neu präparierten Tiere von *Heaven Can Wait* mehr als deutlich an historischen Bilderwelten wie denen von John James Audubon, dem US-amerikanischen Ornithologen und Gestalter von *Birds of America* (1827–1838). Diese Verstrickungen von Körper und Bild, von Natur und Kultur sind äußerst komplex. Bereits der historische Naturforscher Audubon verwendete unter anderem Taxidermie, also gegerbte und in Form gebrachte Tierhäute, für seine Studien und Zeichnungen.[17] Bei dieser Praxis handelt es sich aus einer zeitgenössischen Perspektive heraus nicht um eine objektive Dokumentation, sondern es werden zoologische Fakten *designt*. Präparate sind kunstvolle Gebilde, die in ihrem Inneren Ersatzkörper aufweisen, die teilweise wie naturalistische Tierskulpturen anmuten; dies kann in der gleichzeitig stattfindenden Ausstellung des Schlossmuseums, *Die Kunst des Präparierens*, erfahren werden.[18] Mehr noch: Etwa der Steinbock wurde von Mitarbeiter*innen der Österreichischen Bundesforste AG in Tirol aufgelesen – er war abgestürzt und verendet. Keineswegs handelt es sich um unberührte Natur, denn diese Art, einst vom Aussterben bedroht, konnte nur mithilfe des Menschen wieder angesiedelt werden. Diesen Aspekt verstärkt eine der Vorlagen, die das Trio für die Herrichtung der alpenländischen Ziegenart herangezogen hat.

Denn die Pose des Steinbocks bezieht sich auf Michael Wolfs Fotobuch *Tokyo Compression* (2010), welches die beengten Zustände von Pendler*innen in der U-Bahn der japanischen Hauptstadt zum Thema hat. Die dazugehörigen Papierschnitte verbinden eine Ansicht des Monument Valley, wie es aus zahlreichen Westernfilmen bekannt ist, mit dem Fujiyama und den brasilianischen Zuckerhut-Felsen zu einem Amalgam. In dieser Serie finden selbst noch das Wiener *Hochhaus Herrengasse* (1932) sowie die *Matterhorn Bobsleds* (1959) – die berühmte Achterbahn aus Disneyland, Anaheim, die sich in ihrer Gestaltung wiederum an den höchsten Berg der Alpen anlehnt – ihren Platz.

In den Habitat Dioramen von *Heaven Can Wait* ist es nicht mehr möglich, zwischen Tier und Mensch oder Wildnis und Zivilisation klar zu trennen. So sollte mit dem Wissenschaftshistoriker Bruno Latour vielmehr von untrennbar miteinander verwobenen Naturen/Kulturen die Rede sein.[19] Steinbrener/Dempf & Huber steigern vermeintlich objektive Fakten zu dem, was sie im Habitat Diorama eigentlich sind: Special Effects. Und durch diese humorvolle wie kritische Reflexion werden die institutionellen Prozesse des naturwissenschaftlichen Museums sichtbar. In der Gegenwart sind Habitat Dioramen also längst kein Heilmittel mehr gegen Industrialisierung und das moderne Leben. Die Werkgruppe *Heaven Can Wait* steht nicht stellvertretend für einen direkten Kontakt mit Wildnis, sondern für den Wunsch, Natur zu kontrollieren, sie menschlichen Bedürfnissen anzupassen und zu vermarkten. Und diese Anordnungen sind keineswegs ewig. Auch wenn Habitat Dioramen die dargestellte Szenerie wie eingefroren erscheinen lassen, so ist eine anhaltende Pflege etwa der fragilen Präparate nötig. Die Habitat Dioramen von Steinbrener/Dempf & Huber sind technisch perfekt und werden minutiös geplant. Doch zeigt ein Blick in die Prozesse des Ateliers, dass dies nicht die einzige Möglichkeit darstellt, dieses Format umzusetzen. Denn im Studio entstehen unter anderem kleine Modelle mit naturalistischen Tierfiguren aus der Spielzeugabteilung. Zudem könnte argumentiert werden, dass sich vergleichbare Displays neben den offiziellen Institutionen in Sideshows sowie auf dem Jahrmarkt – oder eben in Kinderzimmern – finden. Narrationen über Evolution, Biodiversität und Ökologie gehören nicht allein Museen sowie Universitäten, und sie müssen auch nicht gleich zum kommerziellen Spektakel der Themenparks werden. Sie stellen vielmehr ein anhaltendes und sich beständig veränderndes gesellschaftliches Projekt dar und sind offen für eine Do-it-yourself-Mentalität. All diese Anordnungen, die Habitat Dioramen von Kunst und Wissenschaft sowie ihre alternativen Varianten, bieten zudem Anlass, die eigene Identität sowie die Relation des

menschlichen Tieres zu anderen Lebewesen, Pflanzen oder Landschaften zu überdenken. Doch ist dieses Spiel nicht immer fröhlich. Seit dem Aufkommen evolutio-
närer Theorien wurden aufklärerische Ideen von einem als autonom oder rational
definierten *Homo sapiens*, dem Menschen als Krone der Schöpfung, verabschie-
det; aus der melancholischen Sicht einer „dark ecology" sind wir vielmehr Teil einer
sterbenden Welt.[20] Wie es Steinbrener/Dempf & Huber formulieren, ist dabei kol-
lektives Handeln ein „erster Schritt zur Unglücksvermeidung."[21]

1 „Die Kunst beginnt vielleicht mit dem Tier, zumindest mit dem Tier, das ein Territorium absteckt und eine Behausung errichtet (beides ergänzt sich oder verschmilzt bisweilen im sogenannten Habitat)." Gilles Deleuze, Félix Guattari: *Was ist Philosophie?* (1991), Frankfurt am Main 2000, 218. **2** Siehe Andreas Huyssen: „Authentic Ruins – Products of Modernity", in: Julia Hell, Andreas Schönle (Hg.): *Ruins of Modernity*, Durham, NC/London 2009, 17–28, hier 22; Ausst.-Kat. *Steinbrener/Dempf & Huber. Arbeiten 2007–2017*, Kunstraum Dornbirn 2017, 43–55, 88–94. **3** Siehe Christoph Steinbrener, Rainer Dempf, Berhard Kellner (Hg.): *Steinbrener/Dempf: Trouble in Paradise. Skulpturen in den Gehegen des Tiergarten Schönbrunn*, Wien 2009. **5** Siehe Umberto Eco: „Reise ins Reich der Hyperrealität", in: ders.: *Über Gott und die Welt. Essays und Glossen*, München 1985, 36–99, hier 41. **6** Siehe grundlegend Karen Wonders: *Habitat Dioramas. Illusions of Wilderness in Museums of Natural History*, Uppsala 1993. **7** Siehe Stephen Christopher Quinn: *Windows on Nature. The Great Habitat Dioramas of the American Museum of Natural History*, New York 2006. **8** James L. Clark: „Science, Art, and Adventure behind Museum Exhibits", in: *Natural History* 30, 5 (September–Oktober 1930), 483–499, hier 493. **9** Siehe Donna Haraway: „Teddy Bear Patriarchy: Taxidermy in the Garden of Eden, New York City, 1908–1936", in: *Social Text* 11 (Winter 1984–1985), 20–64. **10** Siehe Ausst.-Kat. *Small World: Dioramas in Contemporary Art*, Museum of Contemporary Art, San Diego 2000 und Petra Lange-Berndt: „‚Diorama-Drama'. Das Diorama in der zeitgenössischen Kunst", in: Ausst.-Kat. *Diorama. Erfindung einer Illusion*, Schirn Kunsthalle, Frankfurt am Main 2017–2018, 290–292. **11** Siehe Steinbrener/Dempf & Huber: *FREEZE! Dioramen und Stilleben*, Naturhistorisches Museum Wien, 6. Juni bis 23. September 2012. **12** Siehe Wonders 1993 (wie Anm. 6), 148 ff. **13** Siehe William Temple Hornaday: *The Extermination of the American Bison* (1889), hg. von Hanna Rose Shell, Washington, D. C. 2002. **14** Haraway 1984–1985 (wie Anm. 9), 28. **15** Steinbrener/Dempf & Huber im Gespräch mit Armin Thurnher: „Die Drei vom Diorama", in: Ausst.-Kat. Steinbrener/Dempf & Huber 2017 (wie Anm. 2), 7–20, hier 10. **16** Robert Smithson: „A Museum of Language in the Vicinity of Art" (1968), in: ders.: *The Collected Writings*, hg. von Jack Flam, Berkeley/Los Angeles/London 1996, 78–94, hier 85. **17** Siehe Linda Dugan Partridge: „By the Book: Audubon and the Tradition of Ornithological Illustration", in: *Huntington Library Quarterly* 59, 2 & 3 (1996), 269–301. **18** Siehe auch Petra Lange-Berndt: *Animal Art. Präparierte Tiere in der Kunst 1850–2000*, München 2009. **19** Siehe Bruno Latour: *Wir sind nie modern gewesen. Versuch einer symmetrischen Anthropologie* (1991), Berlin 1995, 140; Donna Haraway spricht von *naturecultures*, siehe dies.: *The Companion Species Manifesto: Dogs, People, and Significant Otherness*, Chicago 2003. **20** Siehe Timothy Morton: *Ecology without Nature. Rethinking Environmental Aesthetics*, Cambridge, Mass./London 2007, 181 ff. **21** „Die Drei vom Diorama" 2017 (wie Anm. 15), 8.

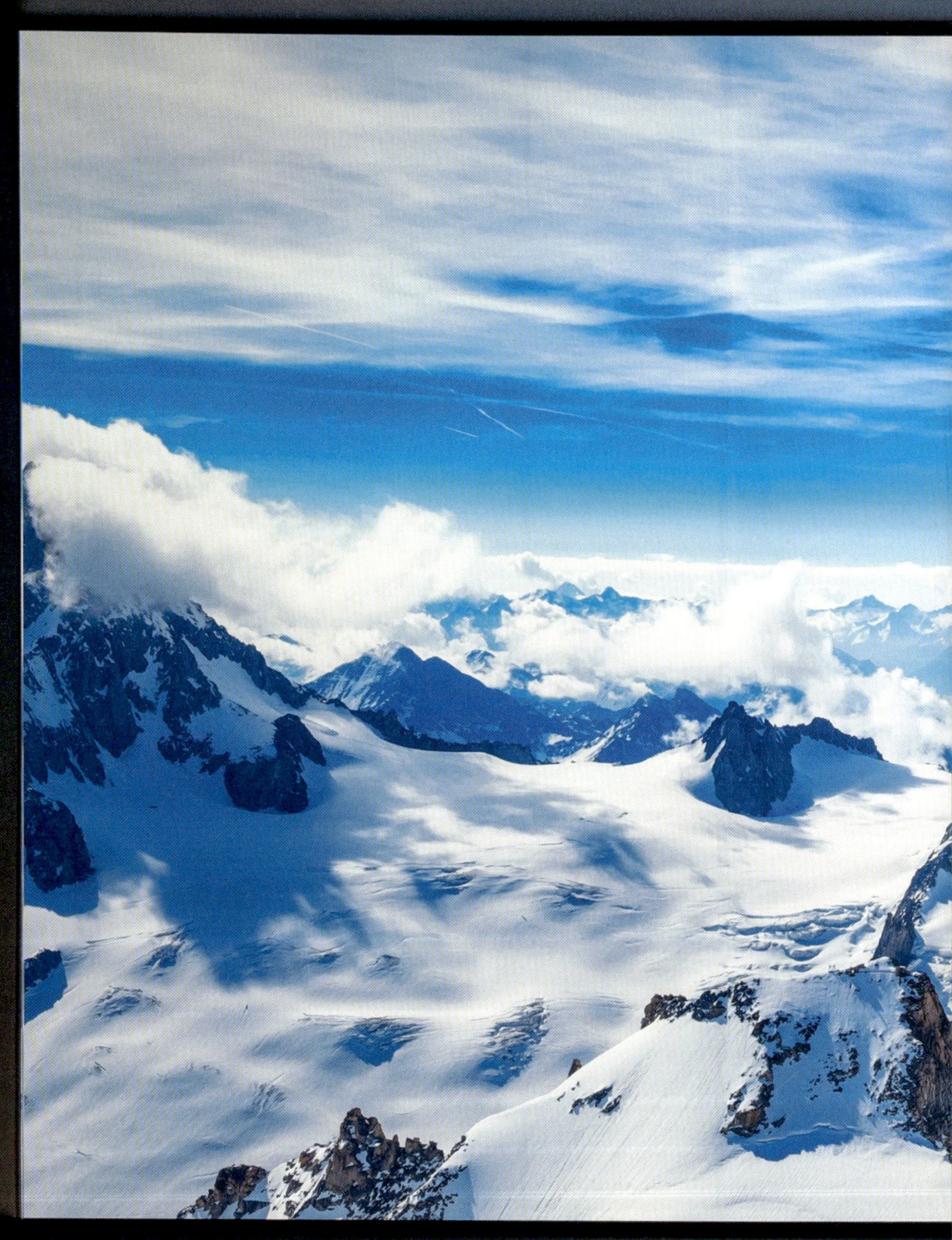

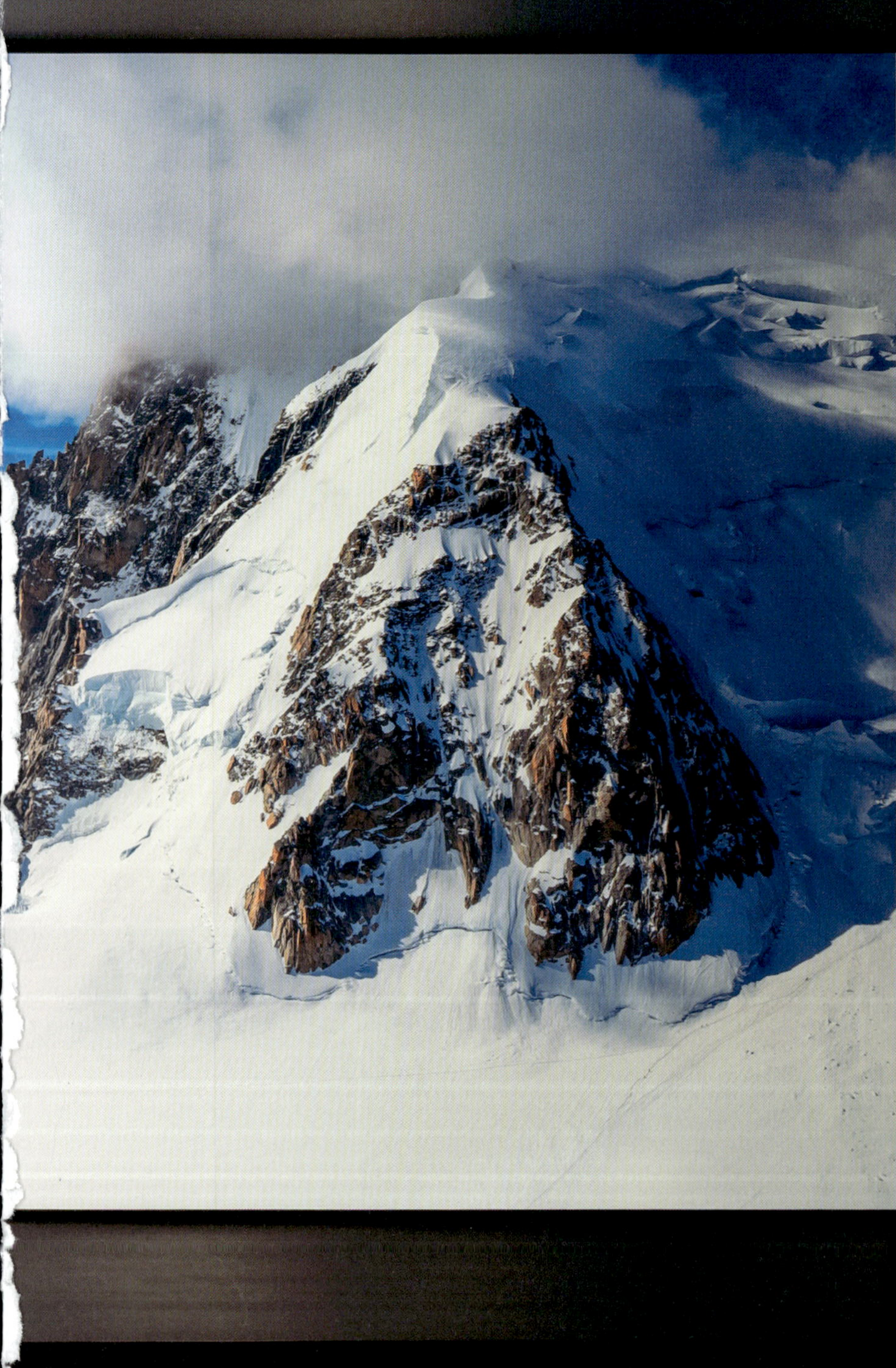

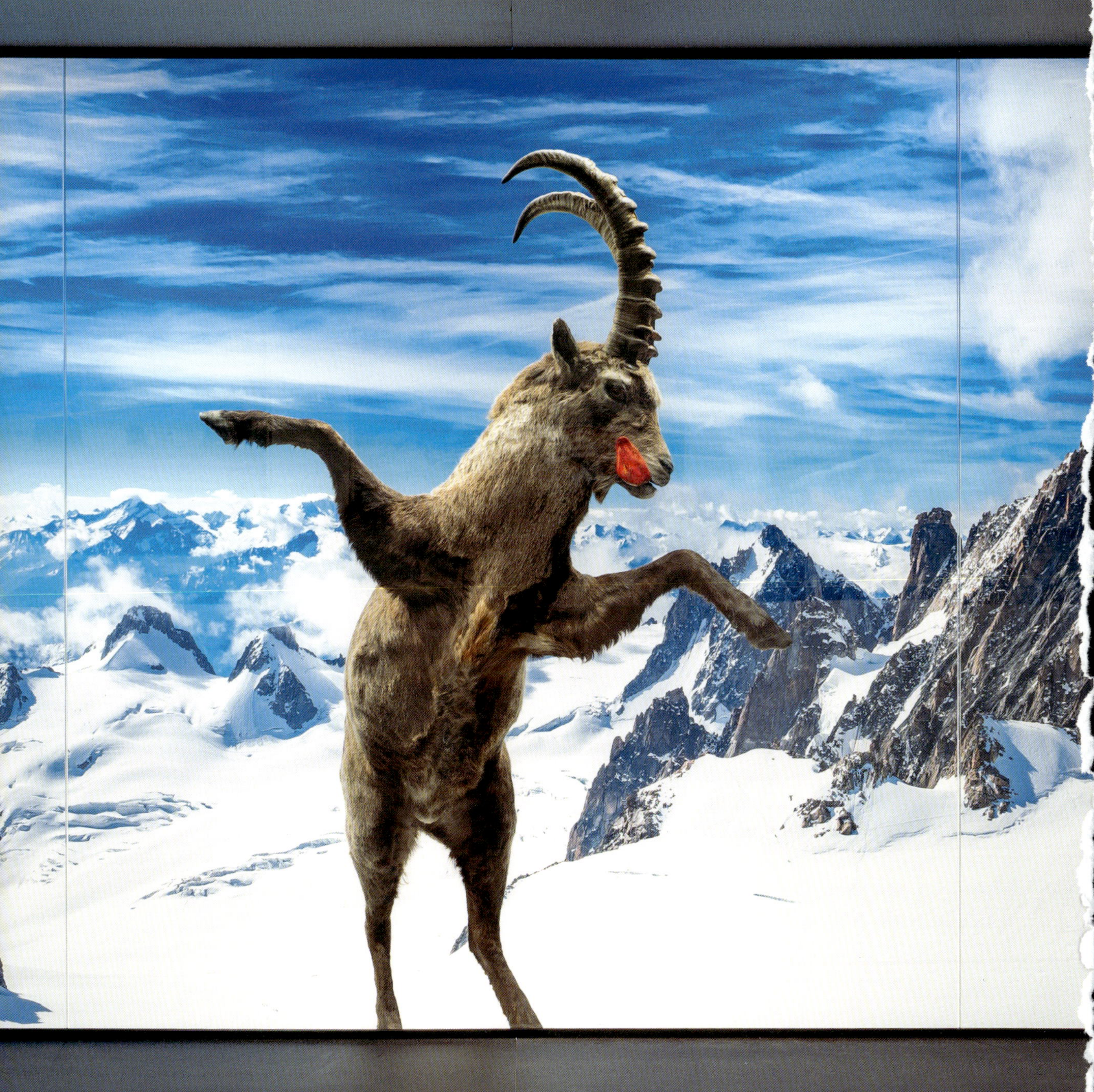

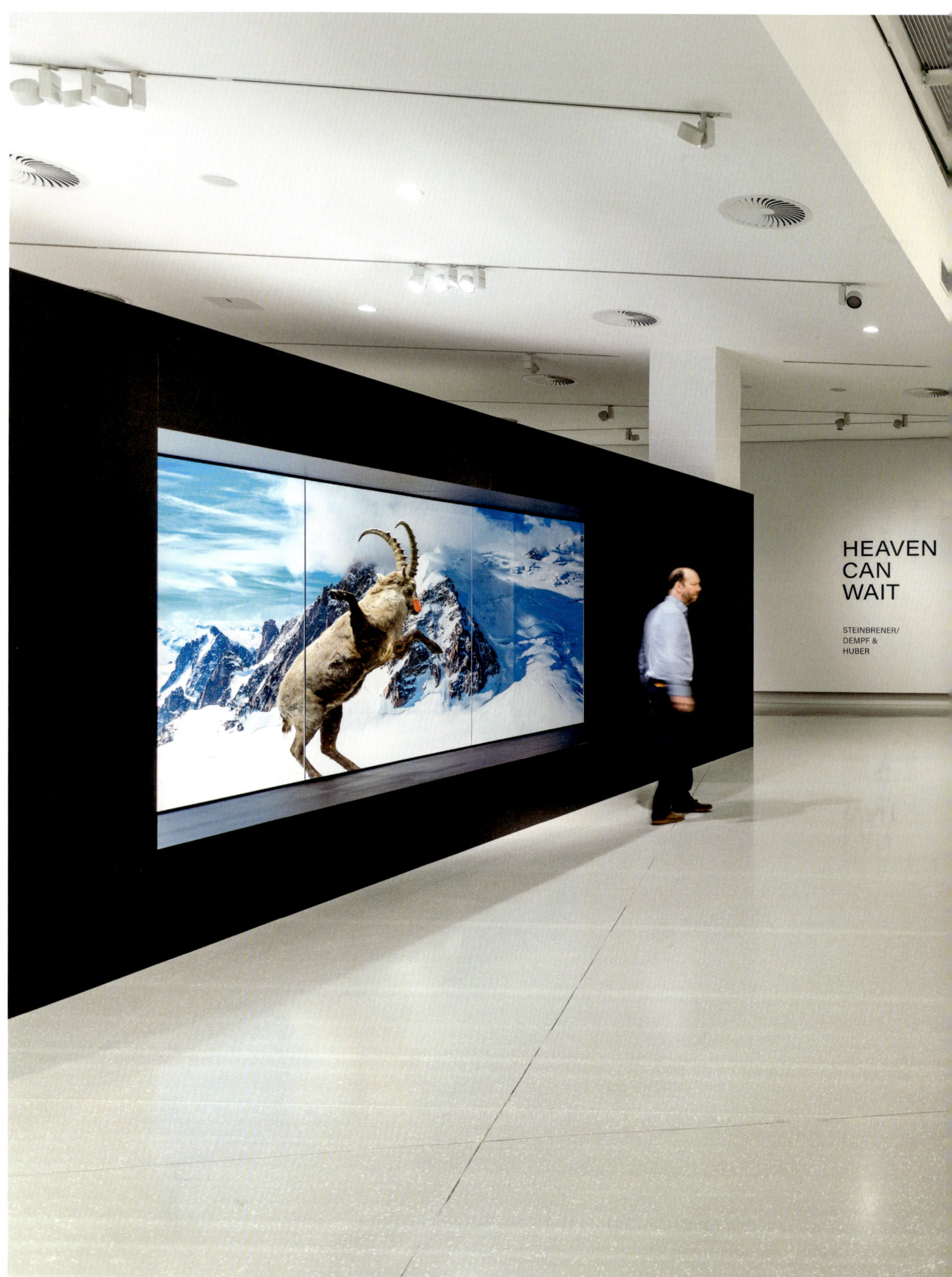
HEAVEN
CAN
WAIT

STEINBRENER/
DEMPF &
HUBER

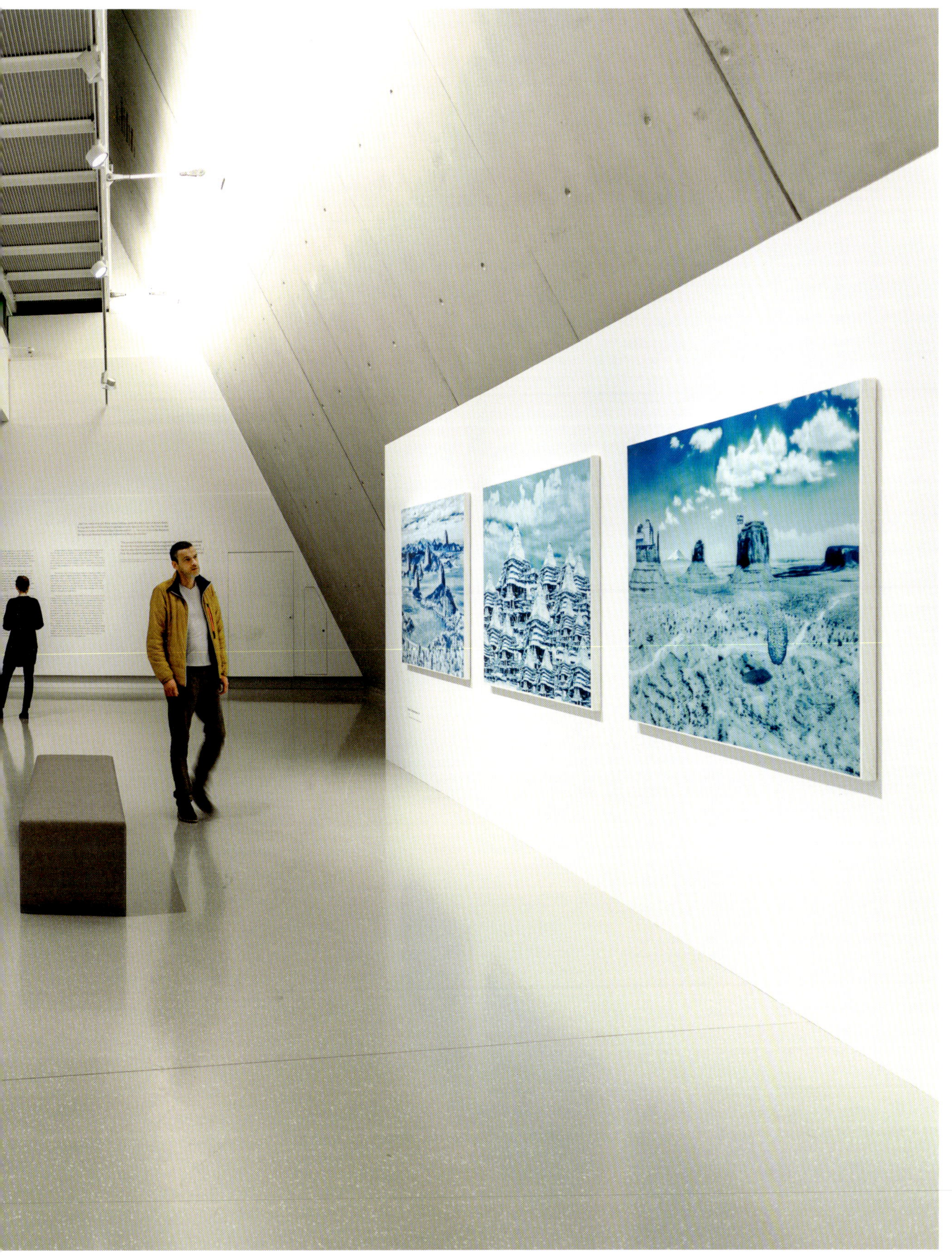

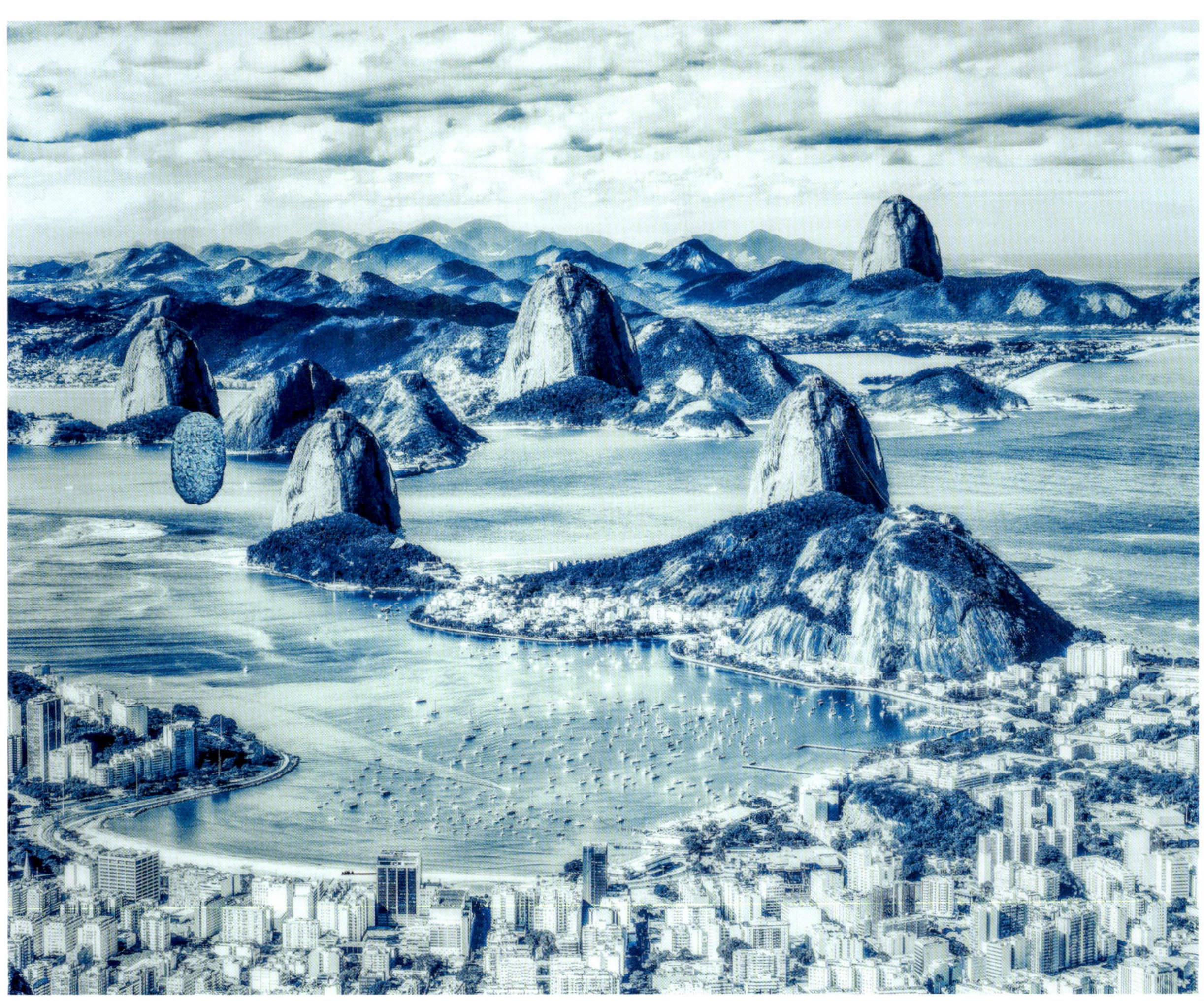

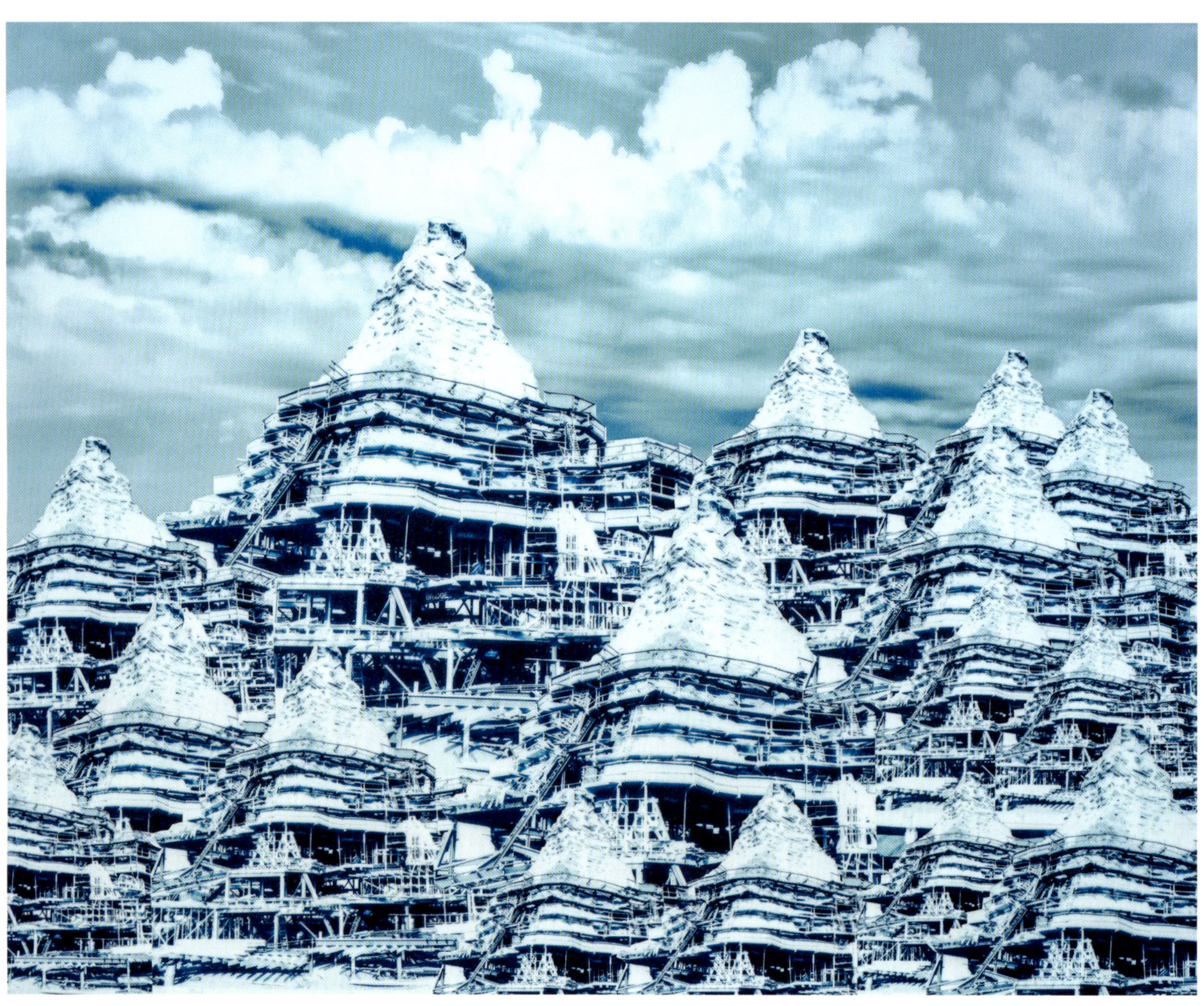

Tokyo Compression II   Papierschnitt auf Leinwand / papercut on canvas, 127 × 61 cm, 2021   24

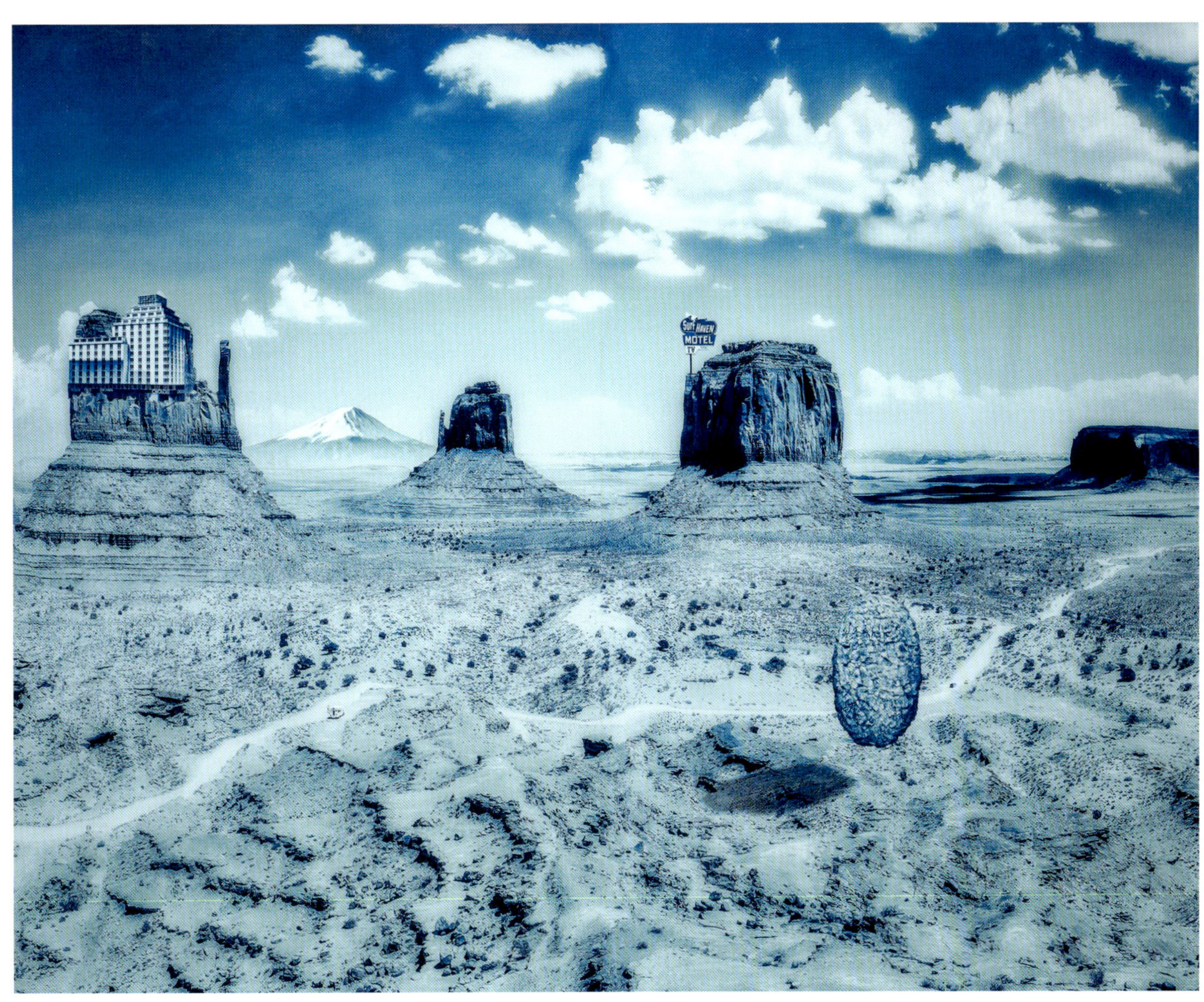

Tokyo Compression III   Papierschnitt auf Leinwand / papercut on canvas,   25
127 × 61 cm, 2021

POP! GOES THE WEASEL
The Habitat Dioramas by Steinbrener / Dempf & Huber

Petra Lange-Berndt

Does art begin with the animal and its habitat, as philosophers Gilles Deleuze and Félix Guattari have suggested?[1] This observation would at least seem to apply to the work of Steinbrener/Dempf & Huber, a collective dedicated to bringing fauna to the urban space and various scientific institutions. The artists have repeatedly examined the question of the relationship between nature and culture—but not without a touch of humor. In 2015, for example, they lifted a sculpture of an ibex onto the head of Hamburg's imposing Bismarck Monument in the Alter Elbpark, built between 1901 and 1906, calling their work *Capricorn Two* [p. 97]. The animal literally dances atop the head of the controversial city landmark, transforming the granite Reich Chancellor into a picturesque climbing rock for goats. Steinbrener/Dempf & Huber realized a comparable work two years later for an exhibition at the Kunstraum Dornbirn, with woodpeckers sticking like darts into the façade and attacking the concrete walls of the museum as *Critical Mass* [p. 7]. Both actions invoke fears expressed since the Enlightenment era that history is in danger of being overtaken by nature.[2] At the same time, the trio's works also display the opposite development when hallmarks of industrialization unmistakably find their way into the enclosures of the former imperial menagerie in a temporary installation at the Schönbrunn Zoo in Vienna called *Trouble in Paradise* [p. 10]. Especially shocking are the artists' interventions in the aquariums and pools where sea animals dwell: A toxic waste barrel floats off the coral reef, and an oil pump rises up above water occupied by Humboldt penguins.[3]

The project *Heaven Can Wait* likewise addresses from the perspective of current ecological crises how humanity has become a geological factor to be reckoned with in the Anthropocene, or rather Capitalocene, age.[4] In 2021, Steinbrener/Dempf & Huber have created five habitat dioramas that cover over 1,000 square meters of floor space at the Oberösterreichisches Landesmuseum, Schlossmuseum Linz, calling them *Tokyo Compression* [p. 16–18], *One Size Fits All* [p. 38–40], *Industrial Light and Magic* [p. 62–64], *Up in the Air* [p. 84–86] and *Heaven Can Wait* [p. 104–106]. The term habitat diorama describes naturalistically conceived zoological display rooms or cases. The elaborate arrangements usually show exemplary groups of taxidermied animals, at times in theatrical action, set in a realistic-looking model of their territory. The large-format displays function according to the principle of the peep show, consisting of a carefully designed foreground that merges seamlessly into a naturalistic, curved background image, with a glass wall separating the respective scene from its audience. Among the animals on display in Linz are an ibex, a camel, a flock of birds, and a mixed animal herd. The diorama,

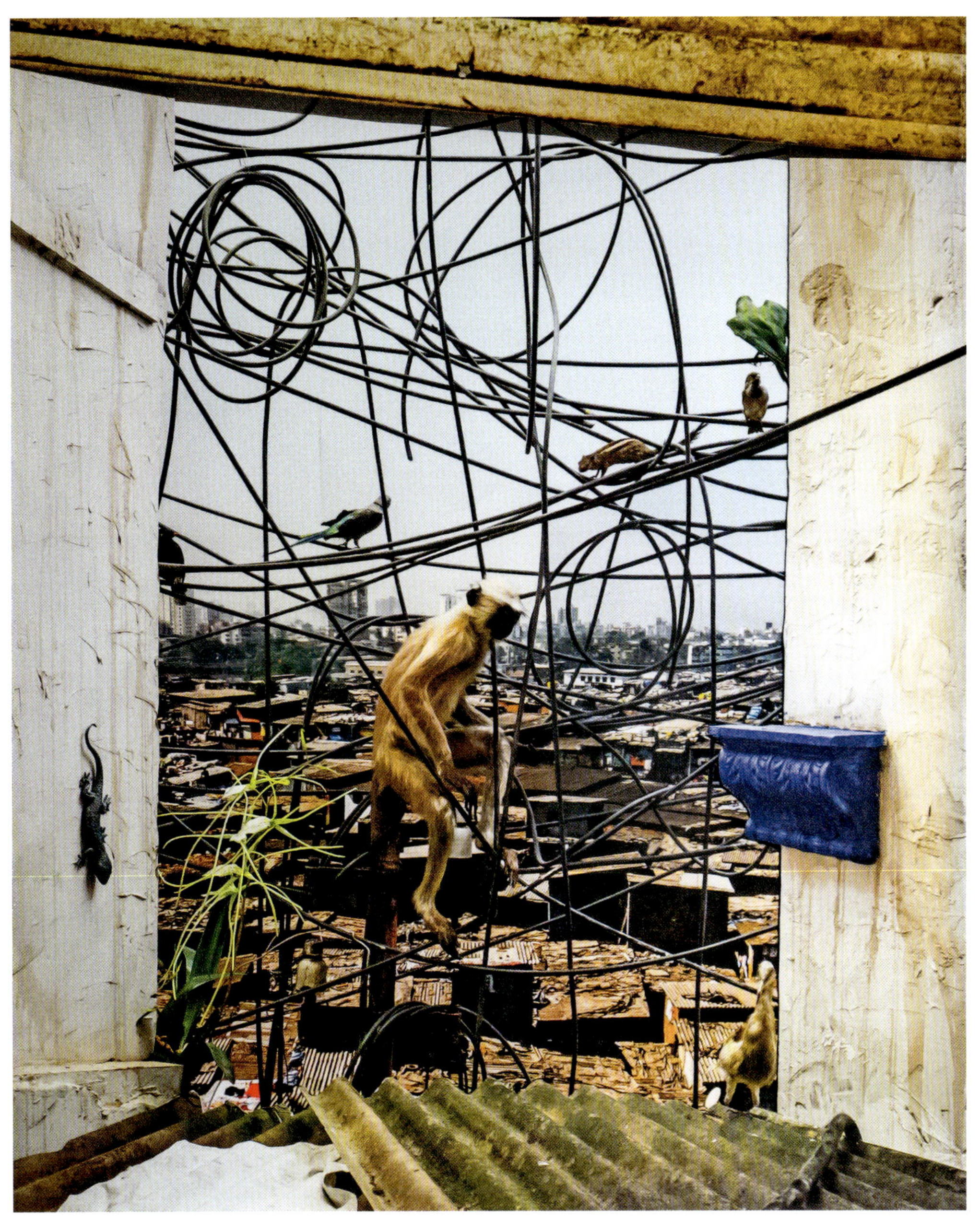

Diorama / diorama, Naturhistorisches Museum / Museum of
Natural History, Wien / Vienna, 2012

a variant on the museum display that for Umberto Eco represents one of the most effective pedagogical devices of them all,[5] originated at the end of the nineteenth century in the United States and the Kingdom of Sweden. As an explicitly popular medium, it was conceived exclusively for exhibition collections that were open to the public, and it still serves today as a means for conveying popular knowledge. Habitat dioramas at the same time reveal the reorganization of collections according to evolutionary thinking, showing not single, isolated animals but whole complex ecosystems.[6] At the American Museum of Natural History in New York City, for example, zoologists, artists, and taxidermists worked together to create these elaborate knowledge showcases in order to achieve the desired effect of nature untouched by humankind.[7] Ideally, the static displays would be perceived, as described in one report in the 1930s, as "(…) a section of pulsing wildlife transported almost bodily from the field."[8] But this vision could only be realized by combining elaborately prepared animal bodies with dried plants or simulated vegetation made of materials such as wax or papier-mâché set against professionally painted landscape backdrops. Furthermore, the artificial habitat dioramas in the American Museum of Natural History, for example in the *African Hall*, carefully conceal the violent appropriation of nature on which they are based, as well as the colonization and exploitation of the corresponding lands.[9] The wilderness was to be presented instead as wholly isolated from civilization. From a contemporary point of view, therefore, these dioramas no longer appear timeless but resonate with the ideologically steeped image of nature that prevailed at their time of origin. Many institutions therefore disposed of the space-consuming installations at some point in order to give priority to the latest research and make room for offices, laboratories, or archives. And yet it is the habitat dioramas that speak most revealingly of the scientific history of these institutions, so that many believe they should be preserved as central historical displays.

It is therefore all the more remarkable that at a time when so-called diversity walls seem to be setting the tone, an institution such as the Oberösterreichisches Landesmuseum, which reopened in the south wing of the Schlossmuseum Linz in 2009, has decided to revive such a traditional format. Steinbrener / Dempf & Huber, by arranging animal specimens and bones from a contemporary perspective, make it clear that habitat dioramas must be continually updated in terms of content. For this purpose they have cooperated with the taxidermists at the Biologiezentrum in Linz as well as the carpentry workshop and set-up team at the Schlossmuseum. They thus take their place in a long tradition of modern and contemporary art that—for example in the work of Mark Dion and Dominique Gonzalez-Foerster—deals with the diorama as an installation-like arrangement of materials, objects, and narrations in space.[10] Founded in 1833, the universal museum on the Danube today combines exhibits from natural, cultural, and art history in the Schlossmuseum, with an additional natural history collection in the Biologiezentrum.

Visitors to the exhibition organized by Steinbrener/ Dempf & Huber enter a dark, windowless room where the dioramas are illuminated auratically from the inside. In this staging, the installation harks back to its historical predecessors from the nineteenth century. In a comparable project by the artist trio, created in 2012 for the Naturhistorisches Museum in Vienna, habitat dioramas were also presented that showed real-life situations of animals in the present day, such as monkeys cavorting in the urban jungle [P. 29] of Mumbai.[11] In times of a global climate crisis and pandemic, however, the five scenes in Linz offer glimpses of the future instead. This globe-spanning, planetary perspective is directly addressed in *One Size Fits All*, in which the audience views the earth as seen from outer space. Even here, though, there is already plenty of civilizational waste to be seen, with animal bones floating around alongside a red sofa taken from the cover of the titular 1975 album by Frank Zappa and the Mothers of Invention that has seemingly been circling the planet ever since. The historical habitat dioramas dating from circa 1900 likewise mark a point in time when the exploitation of natural resources was entering a critical phase.[12] Displays of taxidermied bison, for example, emerged in the USA at the moment when this animal was facing extinction and the government was displacing the people associated with it onto reservations.[13] As philosopher Donna Haraway has aptly remarked: "Once domination is complete, conservation is urgent."[14] Steinbrener/Dempf & Huber lay bare this connection. Instead of experiencing an idyllic view of nature in the five displays, we are confronted with further scenarios. In *Industrial Light and Magic*, for example, we see a camel that appears to be grazing in a meadow on Broadway in New York City—and yet the plants come from Austria. In *Up in the Air*, there is no landscape at all but a flock of birds assembled from scientific illustrations, which enters the third dimension in the foreground by way of taxidermied animals. The display interacts with a reportage photograph by Margaret Bourke-White showing the construction of a diorama titled *World of Tomorrow* for the 1939 New York World's Fair, with one of the scenery painters enthroned on a skyscraper like King Kong. Forming the finale for *Heaven Can Wait* is a Biedermeier room where viewers encounter a mixed group

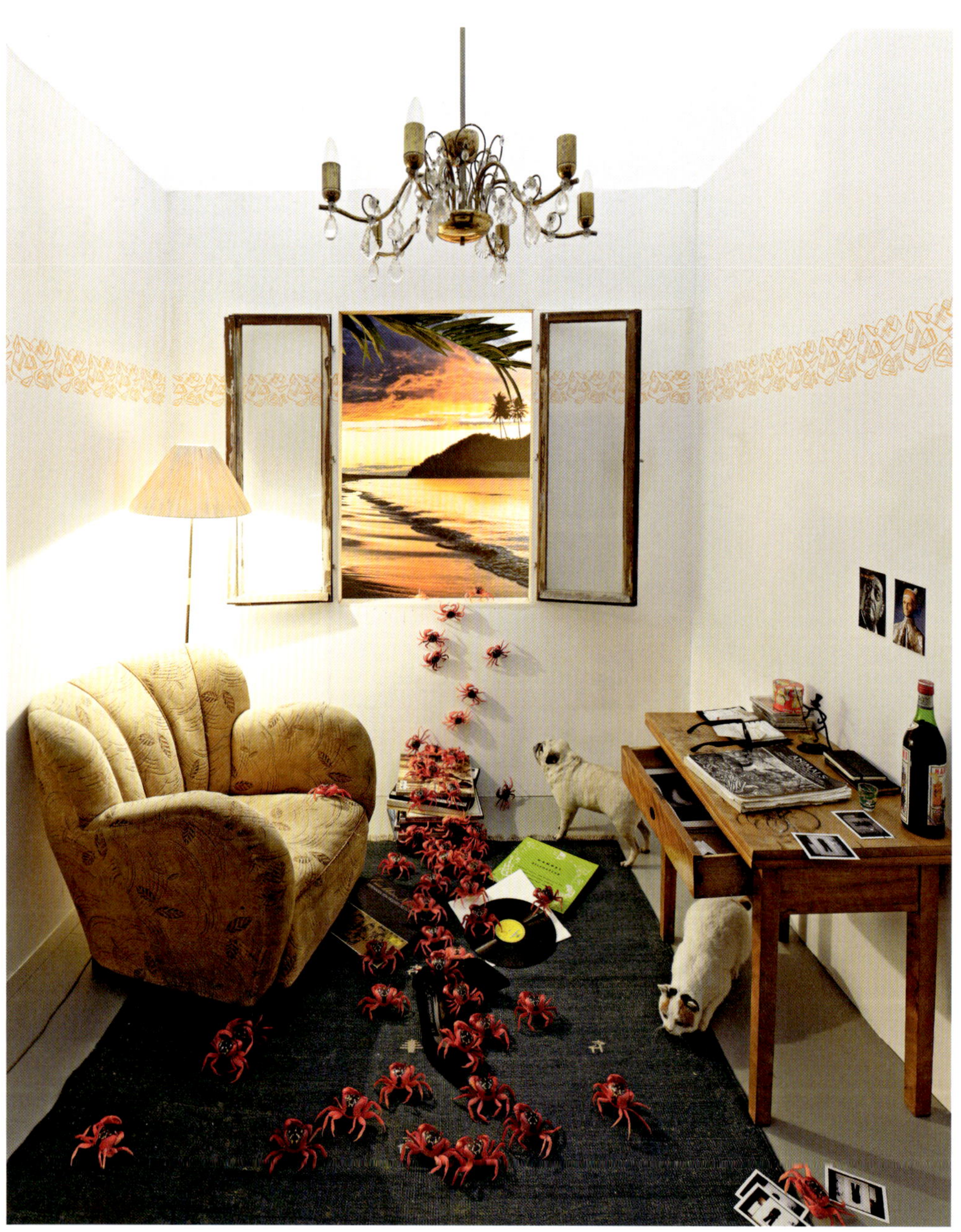

Christmas Island Crabs   Dioramafotografie / diorama photograph, 2012   32

of animals including a zebra, an emperor penguin, and a wolf. This constellation is possible only in a zoo or museum, the odd grouping making it clear that the boundaries between territories have meanwhile become blurred and that they can now overlap in this institutionalized nature. In addition to conflating spatial orders, the habitat dioramas in *Heaven Can Wait* also collapse conventional levels of time; accordingly, *Industrial Light and Magic*, its name borrowed from a cinematographic special effects company, is based on the plot of the feature film *I Am Legend*. The 2007 post-apocalyptic science fiction movie is set in New York City after a deadly viral epidemic.

Central to the entire exhibition is *Tokyo Compression*, a mountain panorama featuring an ibex. But here, we do not encounter the animal as part of a sublime natural setting. Instead, its body adheres directly to the glass. It has not been able to complete its leap: a practical joke in best slapstick fashion. The artists' collective thus exposes here part of the illusionistic architecture that is meant to remain invisible in order to give viewers an immersive experience. Habitat dioramas are machines for the production of fantasies, specifically our fantasies in relation to nature. And with their reference to the rock music of Zappa and the Mothers of Invention, Steinbrener / Dempf & Huber supply a decisive clue indicating that their displays are meant to be perceived with more than the sense of sight alone. Just like blockbuster cinema with its surround sound that makes the pit of the stomach vibrate, the habitat dioramas in *Heaven Can Wait* are meant to be experienced with the whole body and to appeal to the emotions—we are after all dealing here, among other things, with dead animals. The focus is less on conveying factual zoological knowledge than on reflecting on the way natural history museums offer us a model of reality in the form of a material and installative arrangement. To this end, spotlights in Linz additionally direct the visitor's gaze to three artworks placed on the wall opposite each habitat diorama, large-format paper cutouts mounted on canvas that were created in the course of the working process. This is where the otherwise hidden history of the origin of the showpieces in natural history museums becomes visible. A central tenet of historical displays has always been that they are preceded by an expedition to the relevant geographical region. Animals were killed expressly for science, and plants or minerals were collected, while photographs, films, or sketches were made on site—at least this was the ideal of field research. For Steinbrener / Dempf & Huber, however: "Every (...) project is actually an expedition to another world."[15] And these journeys, as the paper cutout series tells us, took them not to Australia, Africa, or even outer space but to libraries, archives, and collections, as well as the internet. For the trio, there is no way back to nature; the main destinations for their explorations are therefore the cultural institutions through which ideas of flora and fauna manifest themselves in European society. The artists therefore do not capture animals in a kind of ahistorical or supposedly primal wilderness but as cultural objects of knowledge. All specimens come from the collection of the Biologiezentrum in Linz, and only the ibex and some of birds in *Up in the Air* were specially taxidermied for the show. In 1968, the artist Robert Smithson summed up this constellation by stating that "There is nothing 'natural' about the Museum of Natural History. 'Nature' is simply another 18th- and 19th-century fiction."[16] On closer inspection, such museums are in fact full of modern and contemporary art, installations, animal sculptures, casts, or applied art such as glass showcases. To underline this point, the postures of the newly taxidermied animals in *Heaven Can Wait* are unabashedly oriented on historical images such as those produced by John James Audubon, the US ornithologist and illustrator of *Birds of America* (1827–1838). The fusion of animal body and image, of nature and culture, is extremely complex here. The historical naturalist Audubon already made use of methods such as taxidermy, i.e., of tanned and mounted animal skins, for his studies and drawings.[17] From a contemporary perspective, this practice constitutes not objective documentation but the purposeful design of zoological facts. Taxidermy is an elaborate art form that puts replacement bodies inside the prepared animal skins, some of which even resemble naturalistic animal sculptures. This can be seen in the Schlossmuseum's concurrent exhibition *The Art of Taxidermy*.[18] But even more than that, it is important to point out that the ibex in the show, for example, was picked up by employees of the Österreichische Bundesforste AG in Tyrol after it had fallen and died. It is by no means a specimen of untouched nature, because this species, once threatened with extinction, could only be reintroduced with human assistance. This aspect is reinforced by one of the models the trio used to prepare the alpine animal. The pose of the ibex alludes to Michael Wolf's photo book *Tokyo Compression* (2010), which deals with the cramped conditions of commuters riding the subway in the Japanese capital. The accompanying paper cutouts amalgamate a view of Monument Valley as seen in numerous western movies with Mount Fujiyama and Brazil's Sugarloaf Mountain. Even Vienna's *Hochhaus Herrengasse* high-rise (1932) and the *Matterhorn Bobsleds* (1959)—the famous roller coaster in Disneyland in Anaheim, California, whose design is in turn based on the highest mountain in the Alps—find a place in this series.

In the habitat dioramas in *Heaven Can Wait*, it is no longer possible to clearly distinguish between animal and human, between wilderness and civilization. Taking our cue from the historian of science Bruno Latour, we can speak instead of inseparably interwoven nature-cultures.[19] Steinbrener/Dempf & Huber exaggerate supposedly objective facts until they uncover what they actually are in the habitat diorama: special effects. And through this at once humorous and critical reflection, the institutional processes of the natural science museum are made manifest. In our present day, habitat dioramas have thus long ceased to offer a respite from industrialization and modern life. The group of works *Heaven Can Wait* is representative not of direct contact with the wilderness but of our desire to harness nature, to adapt it to human needs and to market it. And these arrangements are by no means eternal. Even though habitat dioramas make the depicted scenery appear to be frozen in time, careful maintenance of the fragile specimens and mounts is necessary. The dioramas created by Steinbrener/Dempf & Huber are technically perfect and meticulously planned. But one peek at the processes of making these displays shows that this is not the only way to implement this format. Because in the studio the trio makes, among other things, small models using naturalistic animal figures from the toy department. Moreover, it could be argued that comparable displays can be found not only in official institutions but also at sideshows as well as funfairs—or indeed children's rooms. Narratives about evolution, biodiversity, and ecology are not the exclusive preserve of museums and universities, nor do they have to become a commercial spectacle in theme parks. They instead represent an ongoing and constantly changing project for society and are open for any do-it-yourself mentality. All of these arrangements, the habitat dioramas of art and science as well as their alternative variants, provide an occasion for us to reconsider our own identity as well as the relation of the human animal to other living beings, plants, or landscapes. This game is not always fun to play. Ever since the advent of evolutionary theories, former Enlightenment ideas of *Homo sapiens* defined as autonomous or rational, of man as the crowning achievement of Creation, have been dismissed; from the melancholy point of view of a "dark ecology" we are instead part of a dying world.[20] As Steinbrener/Dempf & Huber put it, collective action on this front is a "first step toward averting disaster."[21]

1 "Perhaps art begins with the animal, at least with the animal that carves out a territory and constructs a house (both are correlative, or even one and the same, in what is called a habitat)." Gilles Deleuze / Félix Guattari: *What Is Philosophy?* (1991) (New York, 1994), 183. 2 Andreas Huyssen: "Authentic Ruins—Products of Modernity," in Julia Hell / Andreas Schönle (eds.): *Ruins of Modernity* (Durham, NC/London, 2009), 17–28, here 22; exh. cat. *Steinbrener / Dempf & Huber. Arbeiten 2007–2017*, Kunstraum Dornbirn. 2017, 43–55, 88–94. 3 See Christoph Steinbrener / Rainer Dempf / Berhard Kellner (eds.): *Steinbrener / Dempf: Trouble in Paradise. Skulpturen in den Gehegen des Tiergarten Schönbrunn* (Vienna, 2009). 4 See Donna Haraway: "Tentacular Thinking: Anthropocene, Capitalocene, Chthulucene," *e-flux journal* 75 (September 2016), https://www.e-flux.com/journal/75/67125/tentacular-thinking-anthropocene-capitalocene-chthulucene/ (accessed April 3, 2021). 5 Umberto Eco: "Travels in Hyperreality," in *Travels in Hyperreality: Essays*, trans. William Weaver (San Diego / New York / London, 1983) 1–58, here 8. 6 For background information, see Karen Wonders: *Habitat Dioramas. Illusions of Wilderness in Museums of Natural History* (Uppsala, 1993). 7 See Stephen Christopher Quinn: *Windows on Nature: The Great Habitat Dioramas of the American Museum of Natural History* (New York, 2006). 8 James L. Clark: "Science, Art, and Adventure behind Museum Exhibits," *Natural History* 30, 5 (September–October 1930), 483–499, here 493. 9 Donna Haraway: "Teddy Bear Patriarchy: Taxidermy in the Garden of Eden, New York City, 1908–1936," *Social Text* 11 (Winter 1984–1985), 20–64. 10 See exh. cat. *Small World: Dioramas in Contemporary Art*, Museum of Contemporary Art, San Diego, 2000; and Petra Lange-Berndt: "'Diorama-Drama.' Das Diorama in der zeitgenössischen Kunst," in exh. cat. *Diorama. Erfindung einer Illusion*, Schirn Kunsthalle, Frankfurt am Main 2017–2018, 290–292. 11 Steinbrener / Dempf & Huber: *FREEZE! Dioramen und Stilleben*, Naturhistorisches Museum Wien, June 6 to September 23, 2012. 12 Wonders 1993 (see note 6), 148 ff. 13 See William Temple Hornaday: *The Extermination of the American Bison* (1889), ed. Hanna Rose Shell (Washington, DC, 2002). 14 Haraway 1984–1985 (see note 9), 28. 15 Steinbrener / Dempf & Huber in conversation with Armin Thurnher: "Die Drei vom Diorama," in exh. cat. Steinbrener / Dempf & Huber 2017 (see note 2), 7–20, here 10. 16 Robert Smithson: "A Museum of Language in the Vicinity of Art" (1968), in Smithson: *The Collected Writings*, ed. Jack Flam (Berkeley / Los Angeles / London, 1996), 78–94, here 85. 17 See Linda Dugan Partridge: "By the Book: Audubon and the Tradition of Ornithological Illustration," *Huntington Library Quarterly* 59, 2 & 3 (1996), 269–301. 18 See also Petra Lange-Berndt: *Animal Art. Präparierte Tiere in der Kunst 1850–2000* (Munich, 2009). 19 See Bruno Latour: *We Have Never Been Modern*, trans. Catherine Porter (Cambridge, MA, 1993); Donna Haraway speaks of "naturecultures," see Haraway: *The Companion Species Manifesto: Dogs, People, and Significant Otherness* (Chicago, 2003). 20 Timothy Morton: *Ecology without Nature. Rethinking Environmental Aesthetics* (Cambridge, MA / London, 2007), 181ff. 21 Die Drei vom Diorama 2017 (see note 15), 8.

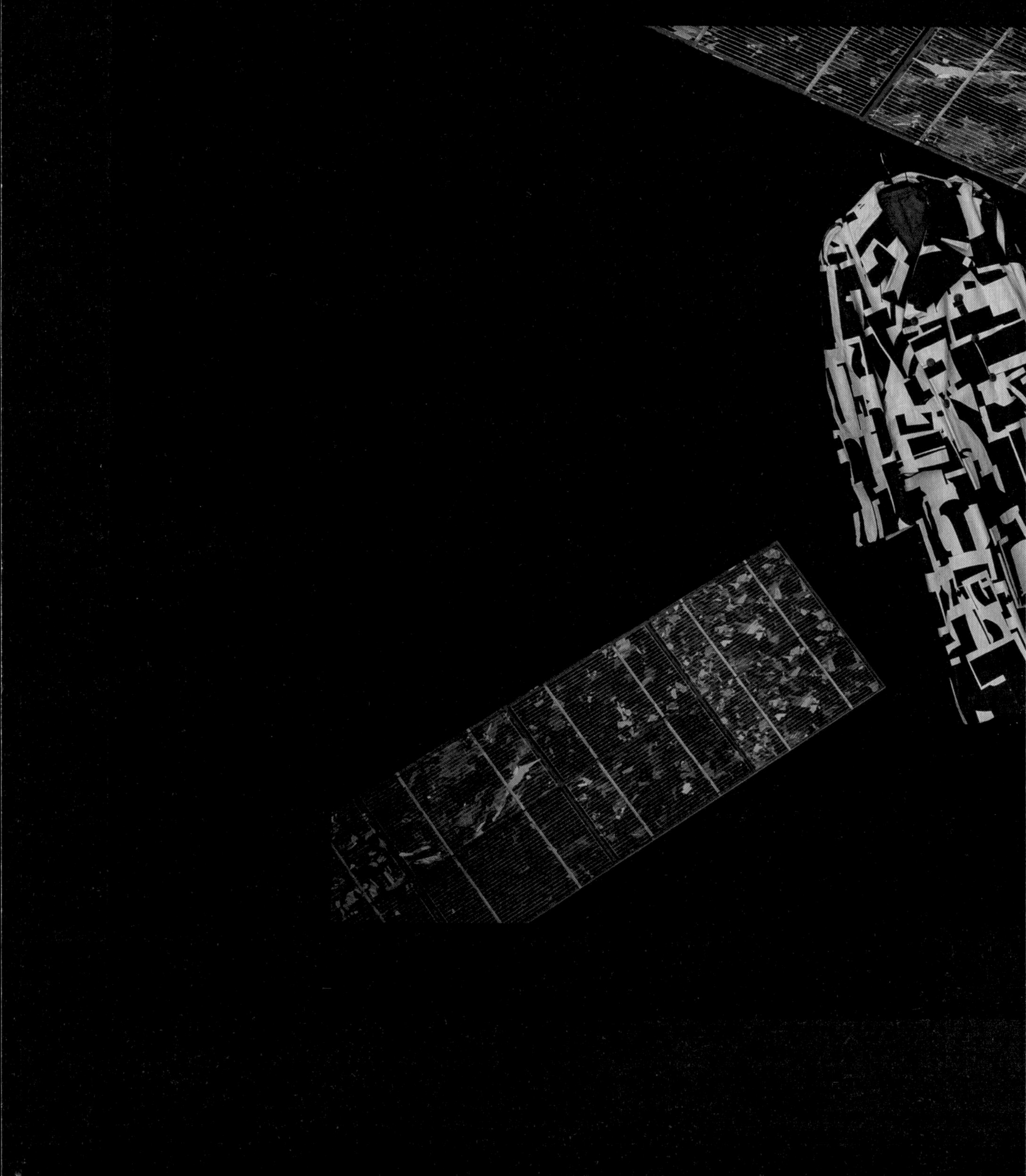

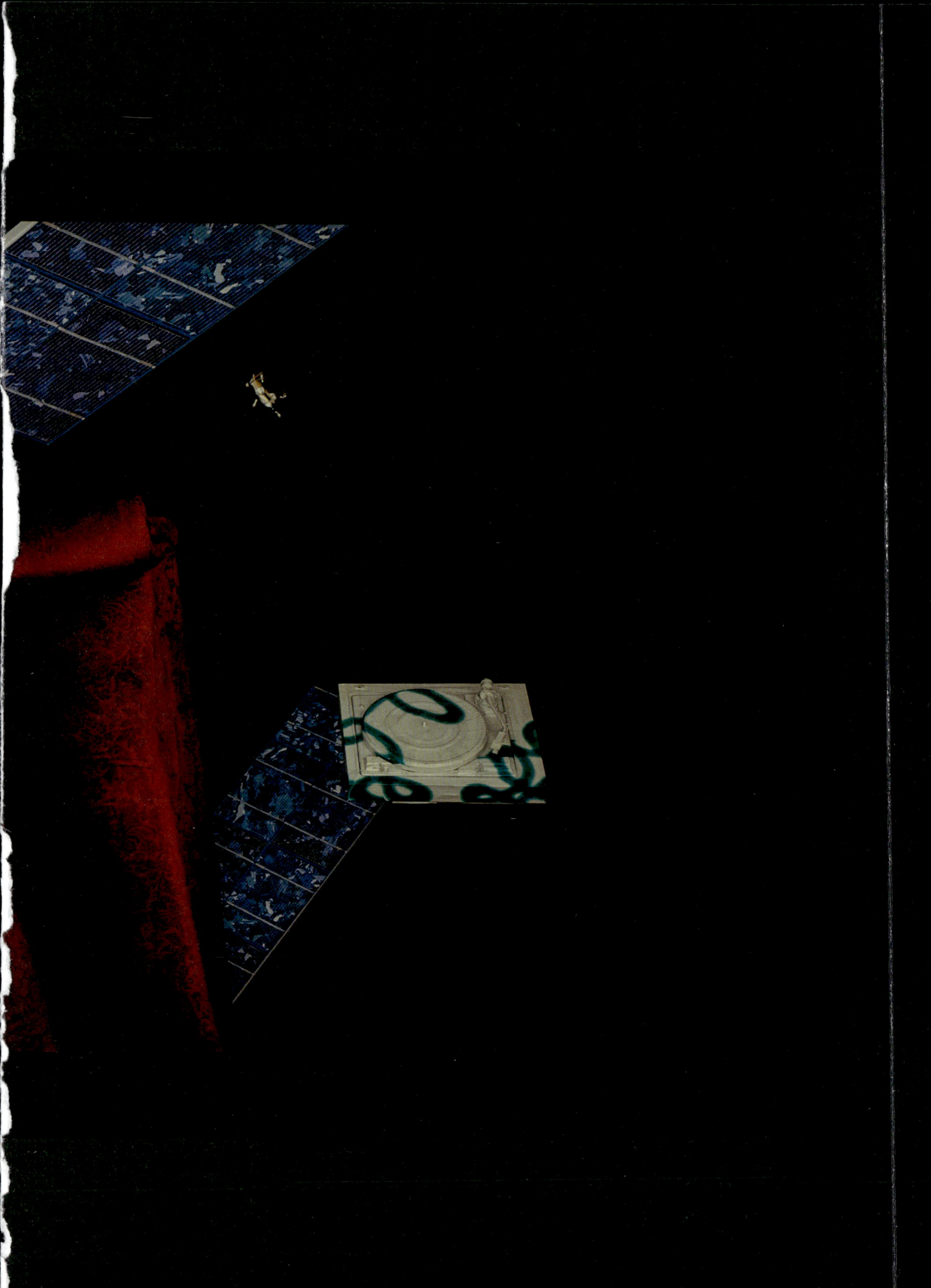

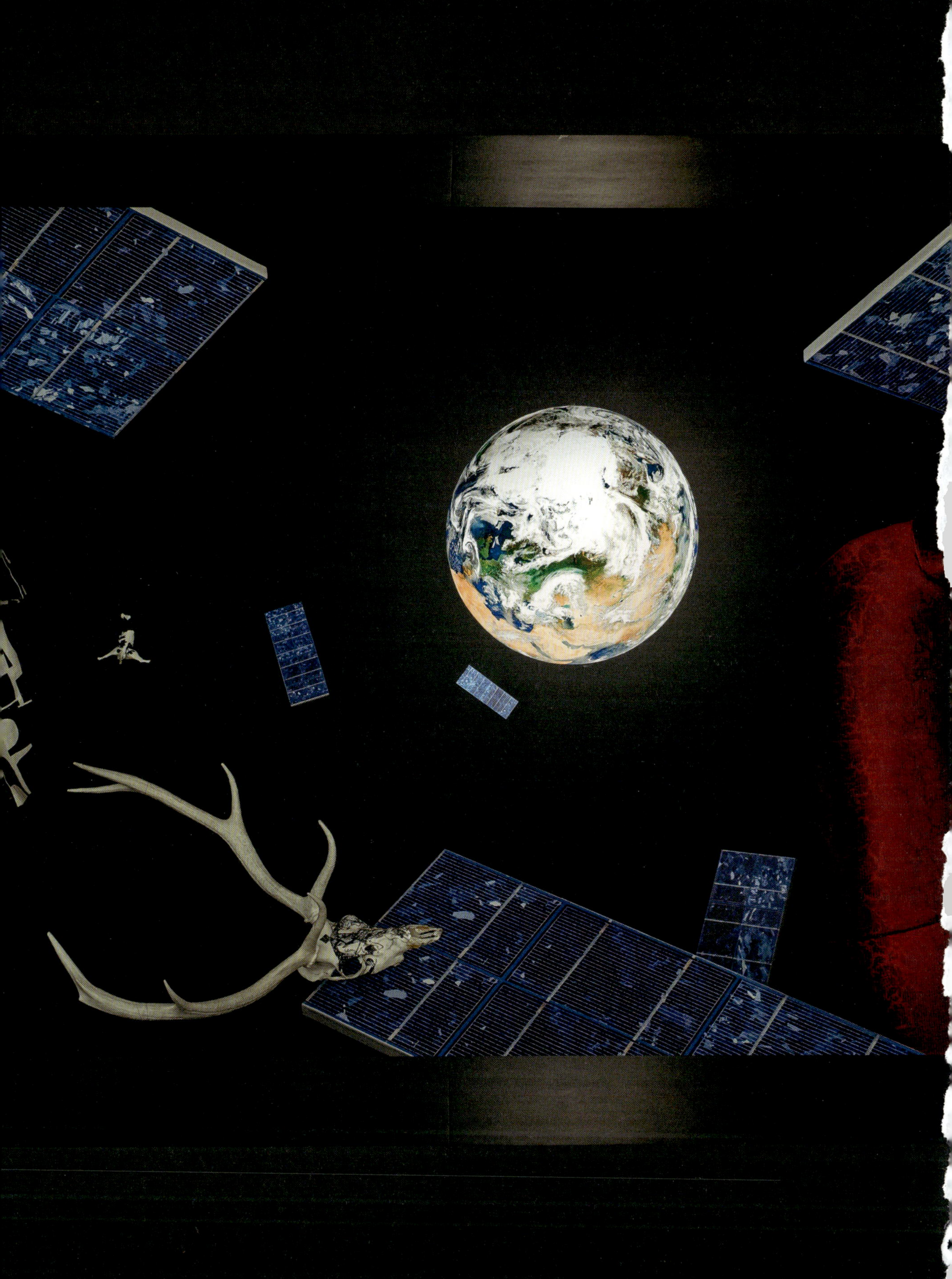

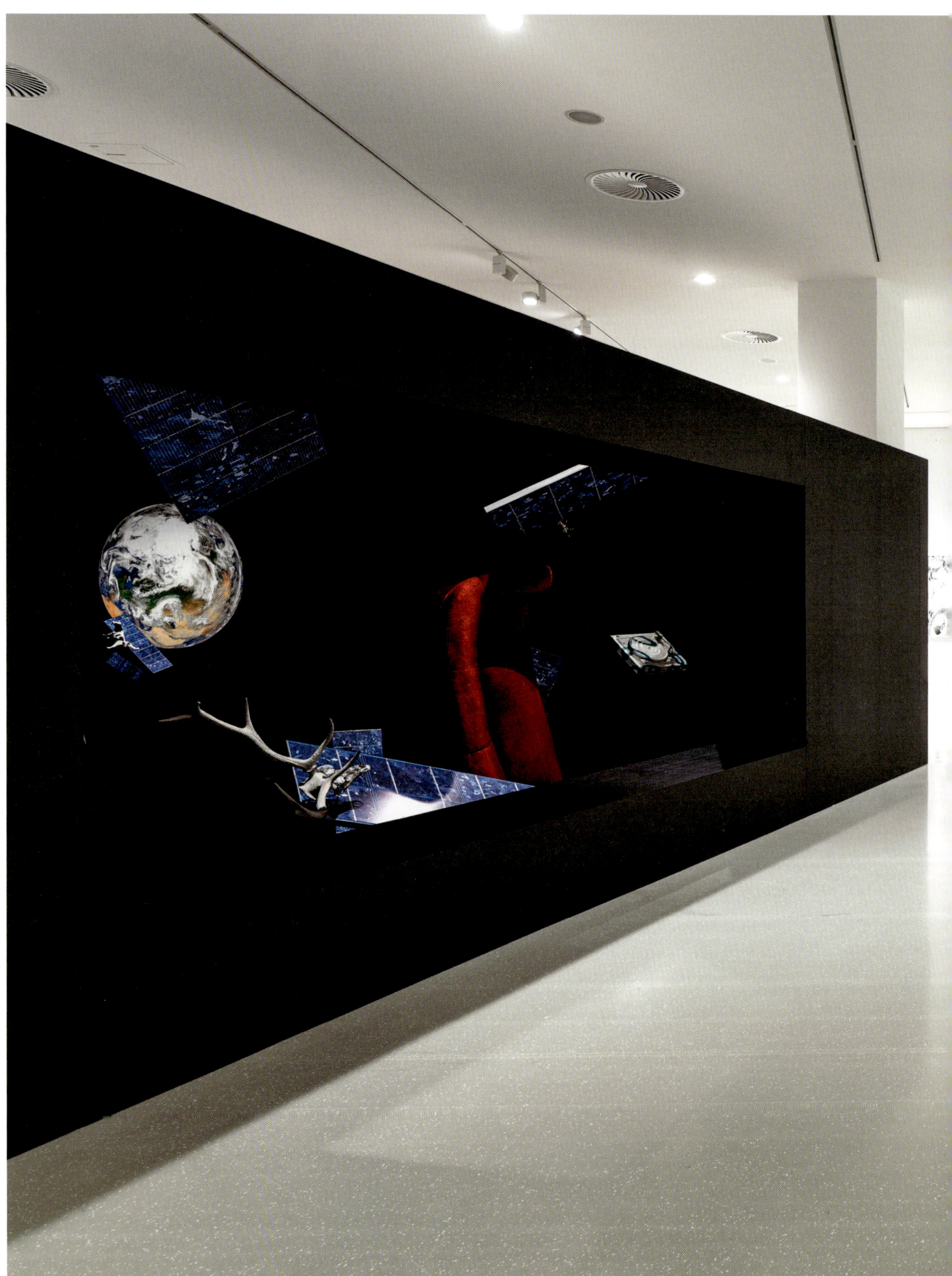

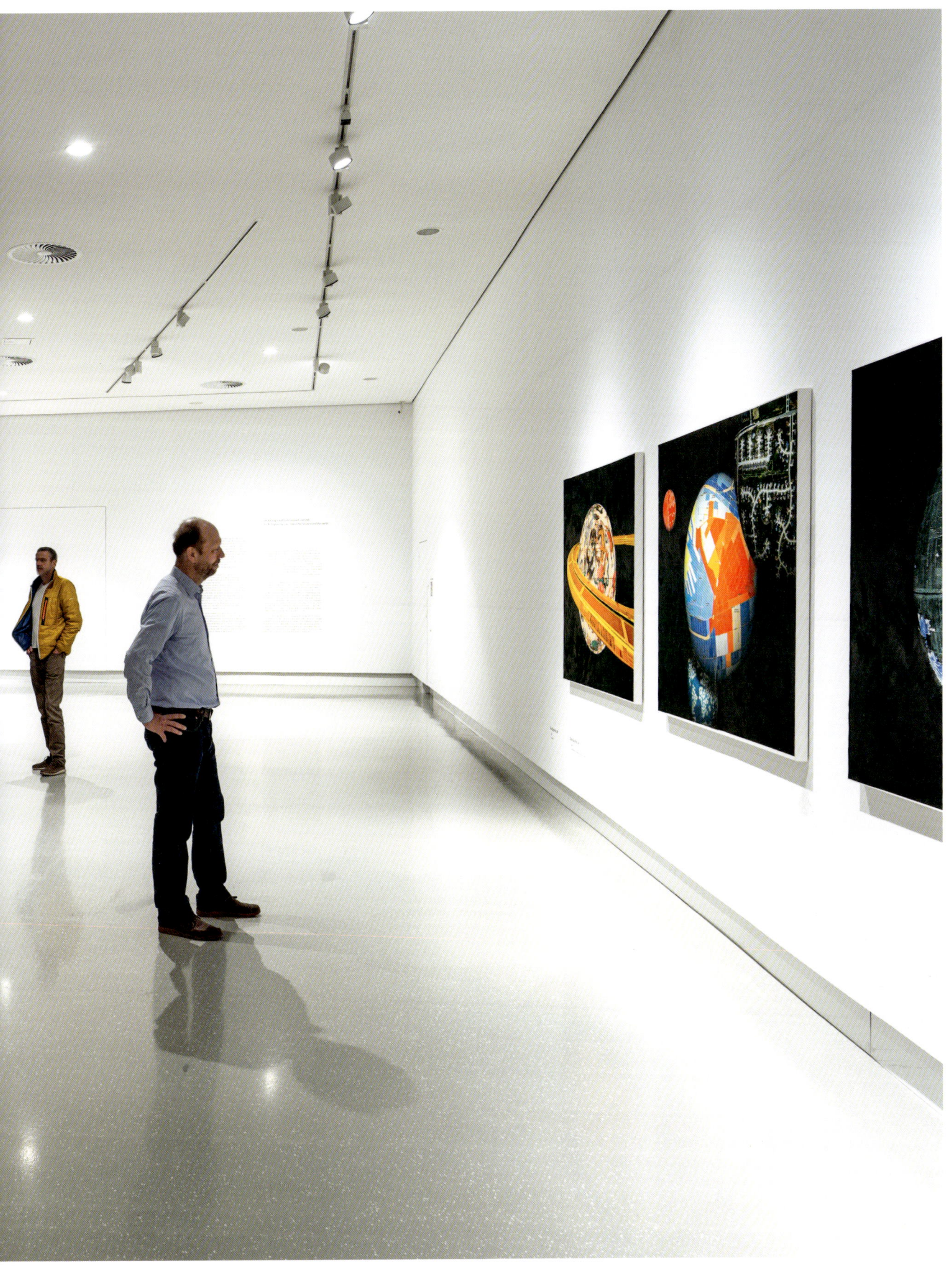

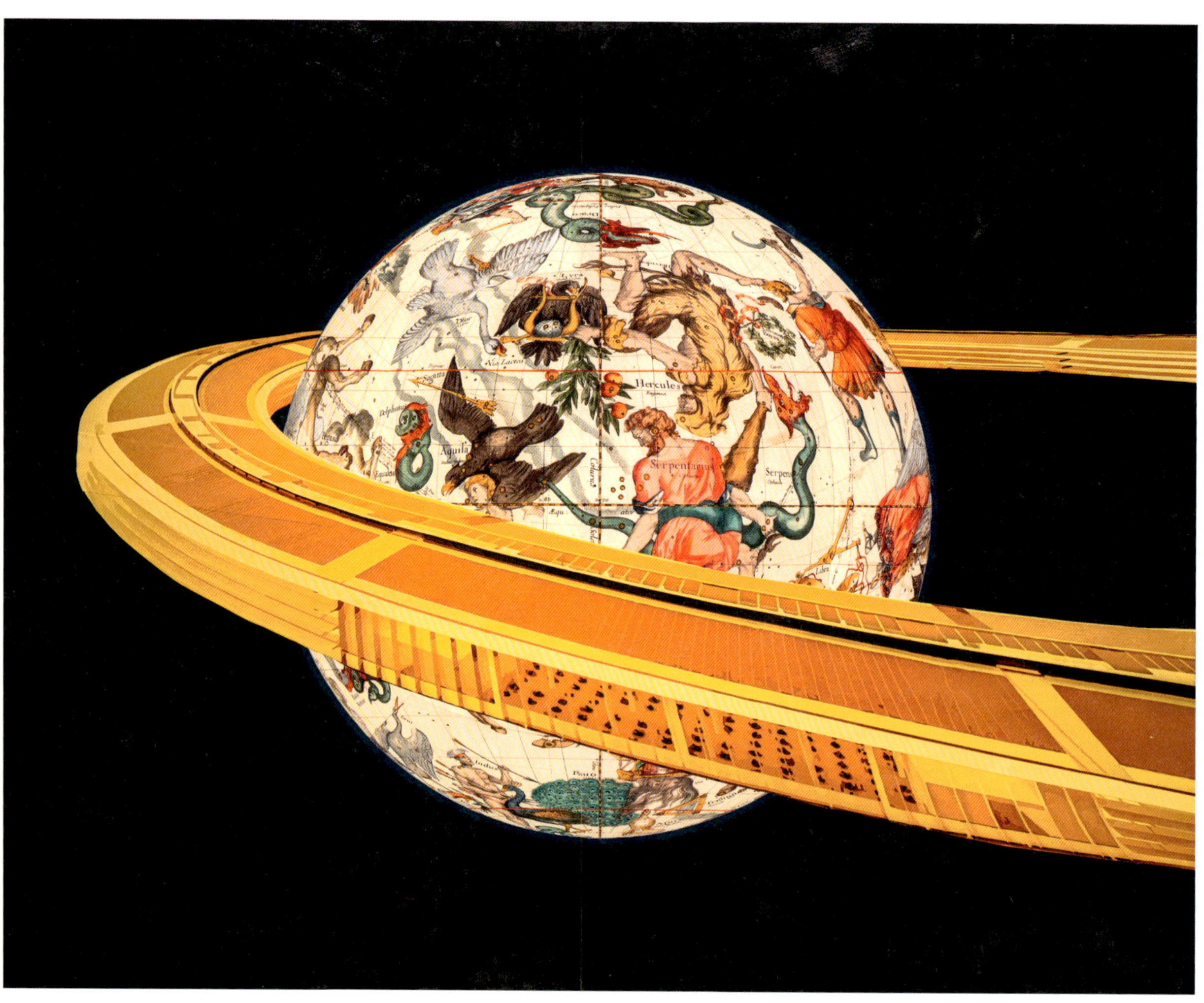

One Size Fits All I Papierschnitt auf Leinwand / papercut on canvas,
127 × 161 cm, 2021

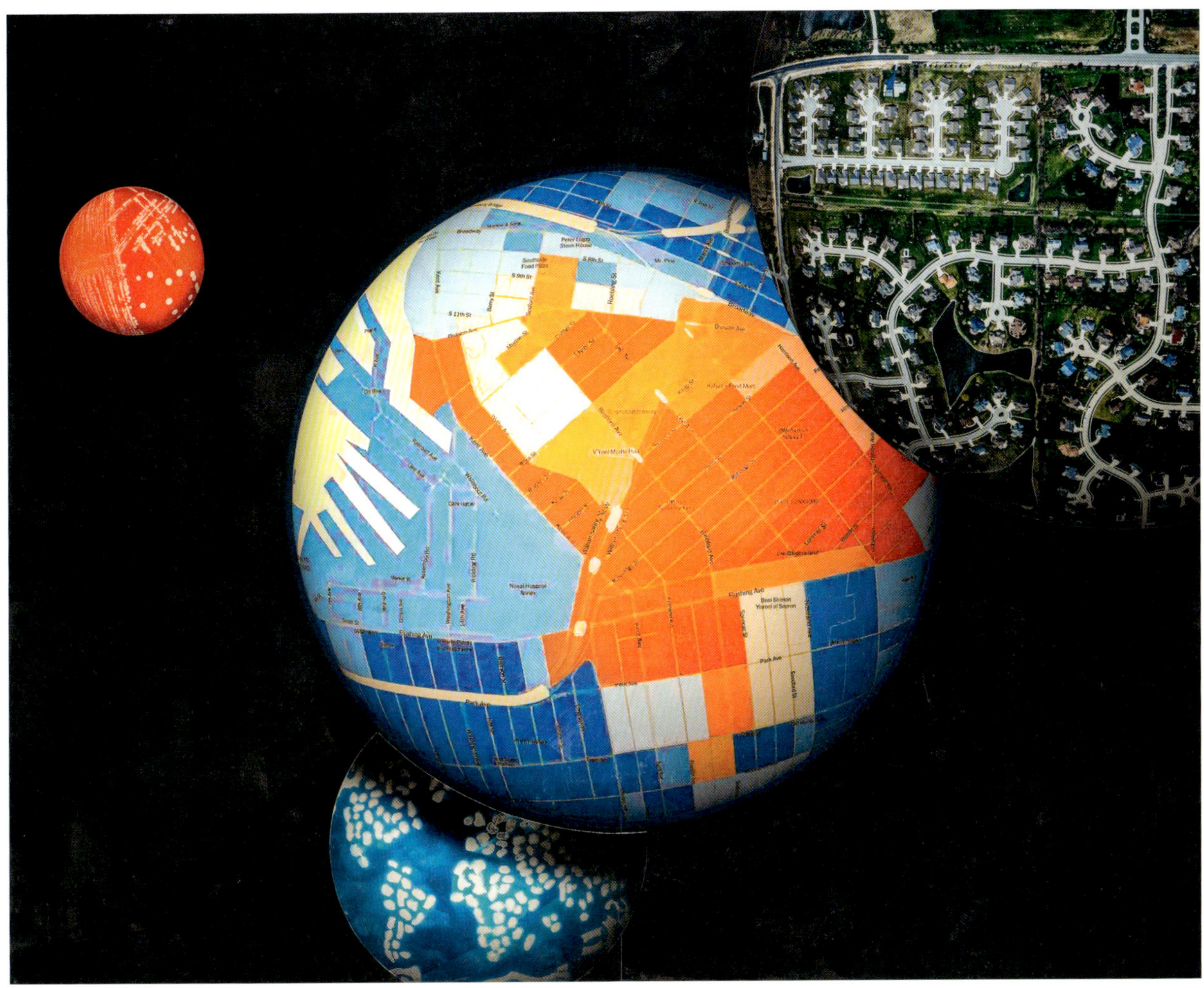

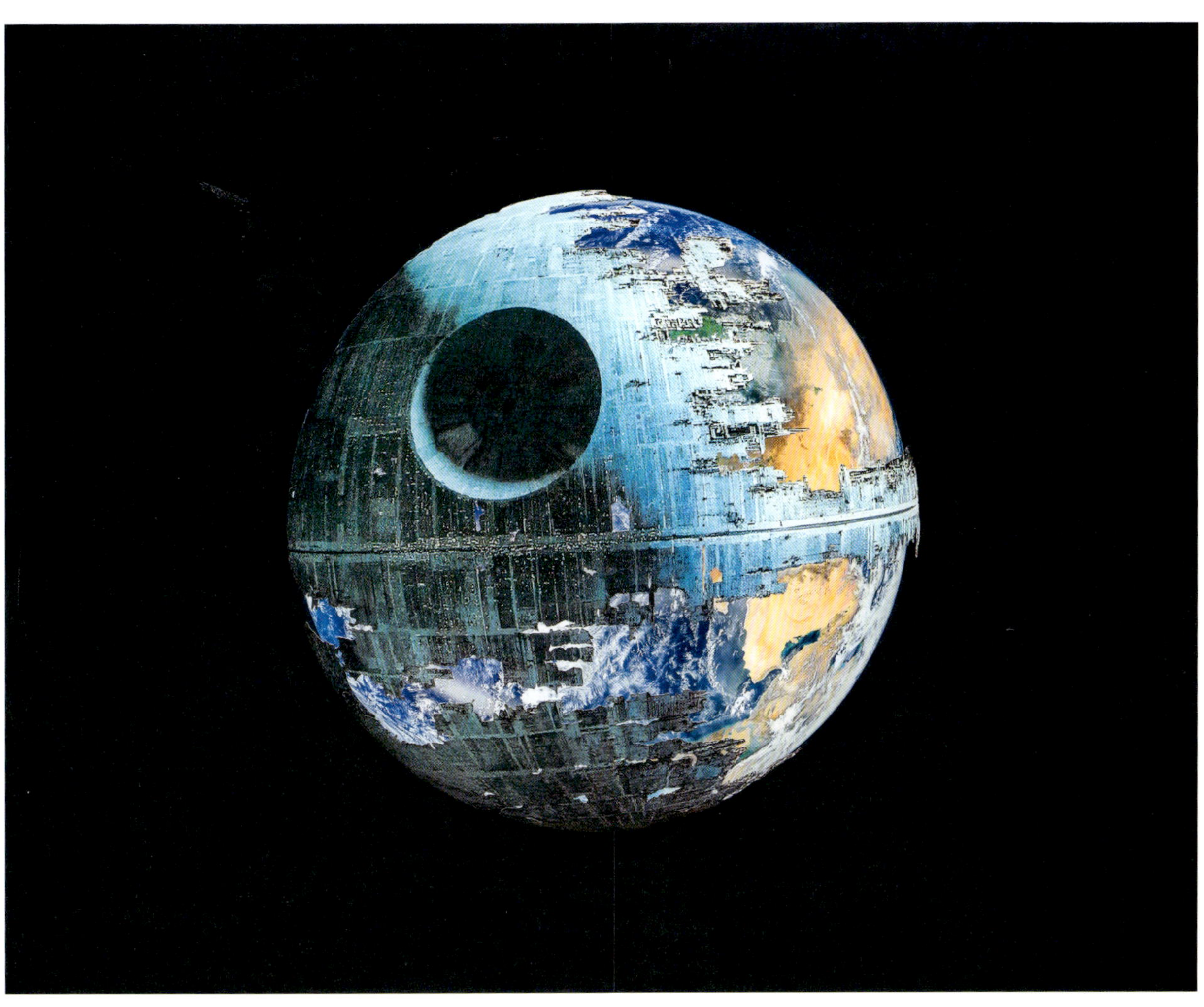

Nora Pierer

DAS DIORAMA
Eine dreidimensionale Möglichkeitsform

Wie kommt das Kamel nach Manhattan? Wieso schwebt ein rotes Sofa im Weltall? Was hat den Steinbock so erschreckt, dass er gegen die Glasscheibe knallt? Solche und ähnliche Fragen werfen die Dioramen von Steinbrener/Dempf & Huber auf. Die Betrachter*innen werden eingeladen, auf Entdeckungsreise zu gehen, in die präsentierten Szenerien einzutauchen, nach Anhaltspunkten und Zusammenhängen zu suchen. Diese Dioramen lassen sich als visualisierte Gedankenexperimente lesen – es kommt Überraschendes und auf den ersten Blick Unvereinbares zusammen. Ein dichtes Netz aus Anspielungen und Zitaten wirft Fragen auf und regt Assoziationen an. Die inhaltliche Konstruktion, die sich aus der Auswahl und Zusammenstellung ergibt, ebenso wie die bauliche Konstruktion bleiben erkennbar. Anders als bei der etablierten Präsentationsform der Habitat Dioramen in naturkundlichen Museen wird keine vollständige Illusion aufgebaut. Während jene ein Idealbild von Natur darbieten und durch einen aufwendig hergestellten Realismus ihre eigene Konstruktion komplett verschleiern, präsentieren Steinbrener/Dempf & Huber in ihren Dioramen Möglichkeiten. Hier wird nicht versucht, eine Wirklichkeit zu (re-)präsentieren, sondern vielmehr Überlegungen, Alternativen, Wünsche und Befürchtungen zu visualisieren. Die Möglichkeit könnte Wirklichkeit werden, aber genauso gut im Irrealen bleiben. So unterschiedlich die Herangehensweisen und Zielsetzungen sind, handelt es sich jeweils um modellhafte Blicke auf die Welt. Sowohl bei den Habitat Dioramen als auch den künstlerischen Dioramen wird ganz bewusst ausgewählt und positioniert, um ein bestimmtes Bild zu erzeugen oder infrage zu stellen. Bei Steinbrener/Dempf & Huber versammeln sich Tiger, Zebra, Wolf, Pinguin und etliches anderes Getier gemeinsam im Biedermeierwohnzimmer. Es ist weder ihr natürliches Habitat noch lassen sich in der Natur so unterschiedliche Tierarten und Gattungen aus verschiedenen Klimazonen sowie Raub- und Beutetiere friedlich auf engstem Raum finden. Es ist eine Möglichkeit, die sich in dieser Zusammenstellung präsentiert – erobern die Tiere nun das menschliche Habitat, nachdem ihres mehr und mehr zerstört wird?

I. Auswahl und Zusammenstellung

Die Dreidimensionalität und Materialität der Dioramen bietet mehrere Ebenen, auf denen eine Auswahl und Zusammenstellung erfolgen kann. Die einzelnen Bestandteile sind Variablen, gleichsam Schräubchen, an denen gedreht werden kann, um die Narration zu beeinflussen – eine in sich stimmige Geschichte zu erzählen oder Fragen aufzuwerfen. Die Wirkung im Diorama ergibt sich aus der Kombination von dreidimensionalen Exponaten, plastisch gestaltetem Vordergrund und einem perspektivischen Hintergrundbild, welches den Raum optisch in die Tiefe weiterführt. Es ist die klassische Form, die sich in den Dioramabauten des 19. Jahrhunderts herausgebildet hat und in den Habitat Dioramen perfektioniert wurde, stets in dem Bestreben, eine möglichst vollkommene Illusion zu schaffen und besondere Blicke darzubieten.[1] Die dargestellten Szenerien in den Habitat Dioramen sind sorgfältig zusammengestellt. Das Motiv des Hintergrunds ist mit dem Vordergrund abgestimmt, der gleichsam die Bühne der Inszenierung bildet. Mithilfe der Beleuchtung wird die Wirkung noch gesteigert.[2] In den Habitat Dioramen werden Narrationen konstruiert, die sich einem wie auch immer gearteten Blick auf die Wirklichkeit annähern oder darüber erzählen.

Dioramen präsentieren immer einen eingefrorenen Moment, der für die Betrachtung ausgestellt ist. In dem räumlichen Nebeneinander stellen sich Bezüge und Kontexte her. Aus einzelnen Objekten, die in ein Beziehungsgeflecht von Szenerie, Raum und Material eingebunden sind, entwickelt sich eine Narration. Auswahl und Zusammenstellung sind nicht zufällig, sondern bewusst gewählt, um eine intendierte Aussage zu transportieren und gleichsam einen modellhaften Blick darzubieten. Welche Objekte und Exponate im Diorama gezeigt werden, wie sie zueinander stehen und welche Relationen hergestellt werden, all das beeinflusst die Wahrnehmung.

Im Wesentlichen haben sich in den Museen nach Anke te Heesen drei verschiedene Visualisierungsweisen herausgebildet, um Exponate auszustellen: „die Betrachtung des Einzelstücks als Meisterwerk oder als Trophäe, die Betrachtung einer Serie von Objekten als taxonomische Systematik oder als Entwicklungsgeschichte sowie die Zusammenstellung von Objekten als ein Gesamtbild, in dem der Gegenstand in einen atmosphärischen Zusammenhang eingebettet wird“.[3] Sowohl die zweite als auch die dritte Präsentationsform gehen von einer Grundannahme aus, die mithilfe der Zusammenstellung untermauert werden soll. Bei der „Zusammenstellung von Objekten als ein Gesamtbild“, wie es in Dioramen der Fall ist, wird besonders deutlich, dass die Zusammenstellung im Hinblick auf die beabsichtigte Narration erfolgt. Dioramen bergen gleichsam eine modellhafte Ausstellung in sich. Sie rekonstruieren in Originalgröße oder im Maßstab einen von vielen möglichen Blicken auf die Welt, der im Kontext des Museums zu einem modellhaften Ausschnitt wird. Die Anordnung der einzelnen Teile innerhalb des Dioramas wiederum konstruiert einen Kontext für diese, bettet sie in eine Szenerie ein. Die Zusammenstellung erfolgt nach Kriterien der Dramaturgie und der Ästhetik.

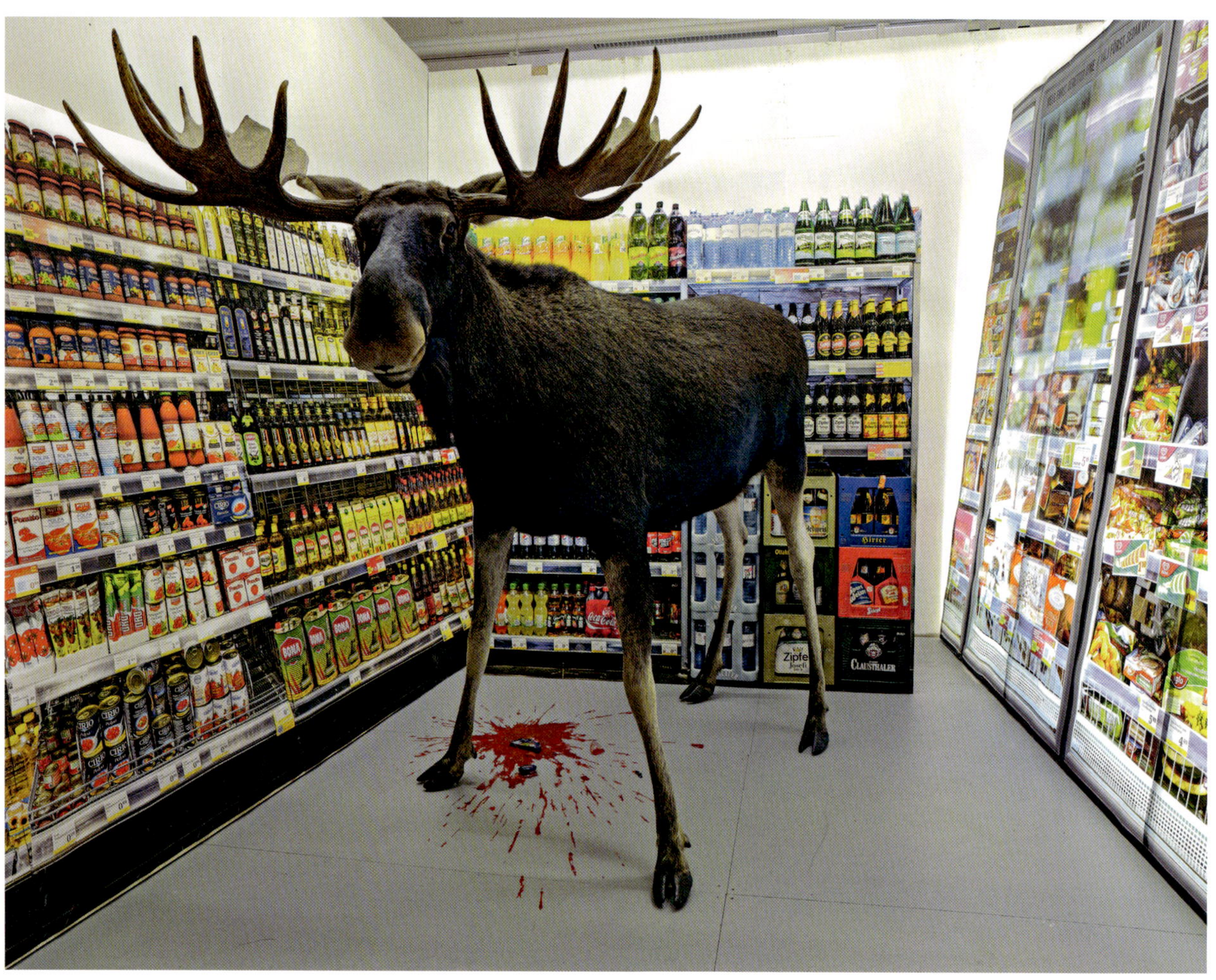

Dioramen lassen sich als eine Form von Modellen verstehen, die einen Ausschnitt der Wirklichkeit darstellen und diesen bearbeiten, um ihn besser greifbar zu machen. Vereinfachungen werden vorgenommen, um die Konzentration auf das für die Narration Wesentliche zu ermöglichen. Dies setzt eine (Aus-)Wahl und zweckdienliche Reduktion voraus. Im Hinblick auf die Narration, die mit dem Diorama vermittelt werden soll, wird der Blickwinkel festgelegt und ein Ausschnitt gewählt. Die Objekte im Diorama respektive im Museum sind nach Krzysztof Pomian immer aus ihrem ursprünglichen Zusammenhang gelöst und ihrer Funktion beraubt.[4] Es sind ausgewählte und reduzierte Objekte, die im Diorama neu zusammengestellt werden. Dadurch ergeben sich andere Bezüge, Zusammenhänge und Funktionen, die untersucht bzw. vermittelt werden.

II. Konstruiertes Idealbild

Die Zusammenstellung von Tiergruppen und die Einbettung von Tierpräparaten in die Nachbildung ihres natürlichen Habitats sind der Anspruch und die Besonderheit von Habitat Dioramen. Seit ihrer Einführung als museale Darstellungspraxis im 19. Jahrhundert stehen sie damit im Gegensatz zu der bis dato üblichen systematischen Präsentation in naturkundlichen Museen. Die Habitat Dioramen des ausgehenden 19. und beginnenden 20. Jahrhunderts verfolgten durchaus einen fortschrittlichen Bildungsgedanken, richten sich die Museen, insbesondere in Skandinavien und den USA, doch an ein breites und nicht nur an ein Fachpublikum.[5] Diese Präsentationsform entspricht dem Wunsch der Museen, zugleich populär, pädagogisch und anschaulich zu sein.[6] Die präsentierten Szenerien erleichtern den Betrachter*innen den Zugang zu den Exponaten. Ein großer Reiz liegt im Illusionseffekt, „der den Betrachter für einen kurzen Moment zu täuschen oder zu verzaubern mag"[7], sowie in der Anschaulichkeit, mit der Geschichten erzählt und erlebbar werden. In den Habitat Dioramen werden Welten geschaffen, in welche die Betrachter*innen in einer Mischung aus Voyeurismus und Entdeckungsfreude versinken können. Die zusammengestellten Szenerien rufen Emotionen hervor, sie laden zur Identifikation, Auseinandersetzung und intensiven Beschäftigung mit dem dargestellten Thema ein.[8] Es wird ein „Fenster auf die Natur" geöffnet,[9] wobei hinter dem Glas die Zeit gestoppt zu sein scheint, eine Szenerie festgehalten und für die sorgfältige Betrachtung ausgestellt ist. Der gerahmte und somit geführte Blick kann die Inszenierung von Unbekanntem und Fremdem erkunden. Die Habitat Dioramen präsentieren einen verdichteten Ausschnitt des heimischen wie auch des exotischen Tierlebens, das in dieser Ausführlichkeit in der Natur nur schwer wahrzunehmen ist.[10] Es sind Szenen unberührter Natur zu sehen, denen Stadtbewohner*innen so vielleicht nie begegnen.[11] Der Wunsch nach Wildnis und Ursprünglichkeit steigt in dem Maße, in dem diese von der Zivilisation zurückgedrängt und zum Verschwinden gebracht werden.[12] Insbesondere exotische Tier- und Pflanzenwelten werden in einem kolonialen Selbstverständnis präsentiert und einem Publikum zugänglich gemacht, das nicht die Mittel hat, selbst an diese Orte zu reisen. Die dargestellten Lebenswelten sind aus Originalen und Nachbildungen künstlich und künstlerisch bis ins Detail konstruiert.

In dem Versuch, der Natur möglichst nahezukommen, entspricht die Inszenierung der jeweiligen Auffassung von Natur. Seit ihren Anfängen im 18. Jahrhundert zeigen Naturkundemuseen nicht die Natur, sondern die menschliche Vorstellung davon.[13] Das Ausstellen von Natur birgt die Gefahr, ein Idealbild davon zu konstruieren, wie Natur sein sollte, ohne dies jedoch zu reflektieren, sondern dieses vielmehr als einen Zustand der Wirklichkeit zu präsentieren. Carl Akeley hat die Präsentationsform der Habitat Dioramen bei seiner Arbeit im American Museum of Natural History (AMNH) perfektioniert.[14] Mit seinem Anliegen, die Taxidermie in eine Kunst zu verwandeln, hat er die Technik so verfeinert, dass sie es erlaubt, Tiere in natürlicher Haltung sowie in Bewegung zu modellieren und nachzubauen.[15] Dadurch wurde es möglich, die eigene Vorstellung von der Natur zu (re-)konstruieren.[16] In Hinblick darauf, sie als ästhetische Gruppen im Museum zusammenzustellen, haben Akeley und sein Team auf den Afrika-Safaris nur repräsentative, gesunde Tiere, niemals alte, deformierte oder kranke ausgewählt.[17] Diesen Blick und die im AMNH präsentierten Inszenierungen insbesondere in der „African Hall" kritisiert Donna Haraway in ihrer wegweisenden Schrift *Teddy Bear Patriarchy: Taxidermy in the Garden of Eden, New York City, 1908–1936*.[18] Es wird nur ausgestellt, was in die Erzählung von der intakten, ursprünglichen Natur aus der Sicht des weißen Mannes passt. Die (Re-)Konstruktion der Natur zeigt nichts von Afrika, sondern macht vielmehr die Geschichte von Rassifizierung, Geschlecht und Klasse in New York City erlebbar.[19] Haraway übt Kritik an der wertenden Darstellung der Natur in den Habitat Dioramen. Besonders die angestrebte Realitätsnähe ist anfällig für ideologische Implikationen.[20] In der Zusammenstellung friedvoller Gruppen, die ein wachsames Männchen, ein bis zwei Weibchen und ein Jungtier umfassen, wird die gesellschaftliche Norm der Kleinfamilie, der Arbeitsteilung und geschlechtlichen Hierarchie in die Tierwelt getragen.[21] Auf diese Weise werden moralische Vorstellungen gefestigt und erscheinen als naturgegeben. Dabei wird in den Dioramen viel eher sichtbar, wie die Natur von Menschen wahrgenommen wird, und sie verraten dadurch mehr über die Gesellschaft als über Naturgeschichte.[22]

Das konstruierte Idealbild in den Habitat Dioramen entspricht der klassischen Vorstellung von der Schönheit der Natur. Es ist eine durch und durch künstlerische Bearbeitung und Repräsentation derselben. Johann Joachim Winckelmann, der mit seiner Schrift *Gedanken über die Nachahmung der griechischen Werke in der Malerei und Bildhauerkunst* (1755) die Rezeption der Antike und damit die Kunst der Klassik stark geprägt hat, sieht den Mehrwert der Kunst darin, die „idealische Schönheit" zu zeigen, die „bloß im Verstande entworfen" ist.[23] Es ist eine Verbesserung der Natur, die über die reine Kopie hinausgeht. Die Darstellung von Schönheit wird in der Verbindung von „Natur, Geist und Kunst" erreicht.[24] Auch der angestrebte Realismus der Habitat Dioramen mit einer lebensnahen Tierpräparation stellt eine Verbesserung der Natur dar. Um die Natur ins Museum zu bringen, muss diese beherrscht werden. Es ist eine getötete und künstlich wiederhergestellte Natur, die im Museum ausgestellt ist, wobei der stets präsente Tod nicht auffallen soll.[25] Die Kunst der Taxidermie versucht, den Tod rückgängig zu machen – die Wunden werden verdeckt, die Tiere vom Blut gereinigt. Haltung und Ausdruck der Tiere können in die gewünschte Form gebracht werden und sind somit ebenfalls Variablen, welche die Aussage beeinflussen. Die möglichst naturgetreue Nachbildung produziert Idealbilder und folgt der Vorstellung, wie Natur sein soll. Dabei kommen Selektion und hochmanipulative Eingriffe zum Einsatz, wie Mäßigung, Zurückhaltung, Harmonie und Gleichgewicht zwischen den einzelnen Körperteilen der Tiere wie auch zwischen den einzelnen Objekten in der Szenerie.[26] Nach der eigenen Vorstellung geformt, bieten die Nachbildungen einen Ersatz für die Realität. Umberto Eco spricht im Zusammenhang mit Dioramen von „Hyperrealität".[27] In der als real konnotierten Darstellung wird das „völlig Reale" mit dem „völlig Unechten" identifiziert und die Nachbildung als reale Präsenz dargeboten.[28] Die Realität wird verbessert, dem Wunschbild angepasst, wodurch die vollkommene Nachahmung der Wirklichkeit überlegen scheint.[29]

III. Modellhafter Blick

Sieht man das in den Dioramen Präsentierte als einen modellhaften Blick, ergeben sich viele Parallelen zu Modellen im Allgemeinen. Mithilfe dieser können große wie auch abstrakte Dinge überschaubar gemacht werden, sie dienen der Komplexitätsreduktion und der Kommunikation. Die Versuche, durch Vereinfachung, Normierung und Strukturierung die Welt zu erfassen, „gehören zu den frühesten

Techniken der Weltaneignung und Produktion"[30]. Den Modellen unterliegt eine gedachte Ordnung, egal ob sie für die Veranschaulichung einer Wirklichkeit oder zur Visualisierung von Vorstellungen, Wünschen und Befürchtungen eingesetzt werden. Was gedacht werden kann, ist immer auch vom Stand der Wissenschaft mitbestimmt.

In der Wissenschaft bilden Modelle eine wichtige Arbeitsgrundlage. Auch wenn Einsatz und Rolle in den einzelnen Disziplinen sehr unterschiedlich sein können, lässt sich verallgemeinernd sagen, dass in den Wissenschaften Modelle „Konzeptualisierungen von Dingen oder Sachverhalten" sind und „der Hypothesenbildung, der Erkenntnis oder der Begründung von Vorhersagen" dienen.[31] Wissenschaftliche Modelle erheben nicht den Anspruch, realistisch zu sein, sondern ein bestimmtes, eng gefasstes Problem verständlich und überschaubar zu machen, um es untersuchen zu können bzw. um Vorhersagen treffen zu können. Der von einem Modell dargestellte, reduzierte und vereinfachte Ausschnitt der Realität kann isoliert leichter erfasst und bearbeitet werden. Mit der „Aneignung der Welt" geht immer eine „Erzeugung von Welt" einher.[32] Modelle helfen nicht nur, komplexe Sachverhalte zu organisieren, zu visualisieren und zu verstehen, sondern auch solche herzustellen und zu modellieren.[33] Das Vorgehen beinhaltet in einem ersten Schritt das Abbilden des Bekannten und die Darstellung in einer vereinfachten, modelladäquaten Form. In den weiteren Schritten erfolgt das Herstellen von daraus generierten Daten, deren Deutung und Interpretation.[34] Mithilfe von Prognosemodellen können Vorhersagen getroffen werden. Je nach Zusammenstellung, Auswahl und Gewichtung einzelner Variablen ergeben sich unterschiedliche Zukunftsszenarien. Die repräsentative Kraft von Modellen ergibt sich nicht zuletzt aus der Anschaulichkeit, mit der hier komplexe Zusammenhänge visualisiert werden. In der Wissenschaftstheorie sind gute Modelle gleich schlechte Modelle. „Je mehr [Modelle] durch innere Konsistenz, logische Kohärenz und darstellerische Evidenz an suggestiver Energie gewinnen, desto gewisser platzieren sie sich als wissenspolitische Fallen und können den Titel eines epistemologischen ‚Fetischs' oder ‚Köders' reklamieren."[35]

Der Realismus der Dioramen, die naturnahe Darstellung und die angestrebte Illusion bergen die Gefahr, das Präsentierte als die Wirklichkeit aufzufassen und nicht in seiner Modellhaftigkeit zu erkennen.[36] Das steht in der lange gepflegten Tradition, Museen als autorisierte Orte der Wissensproduktion wahrzunehmen, ohne die Institution und ihre Mechanismen zu hinterfragen.[37] Wer steht jedoch hinter der *objektiven* Darstellung in den Dioramen? Je mehr sich

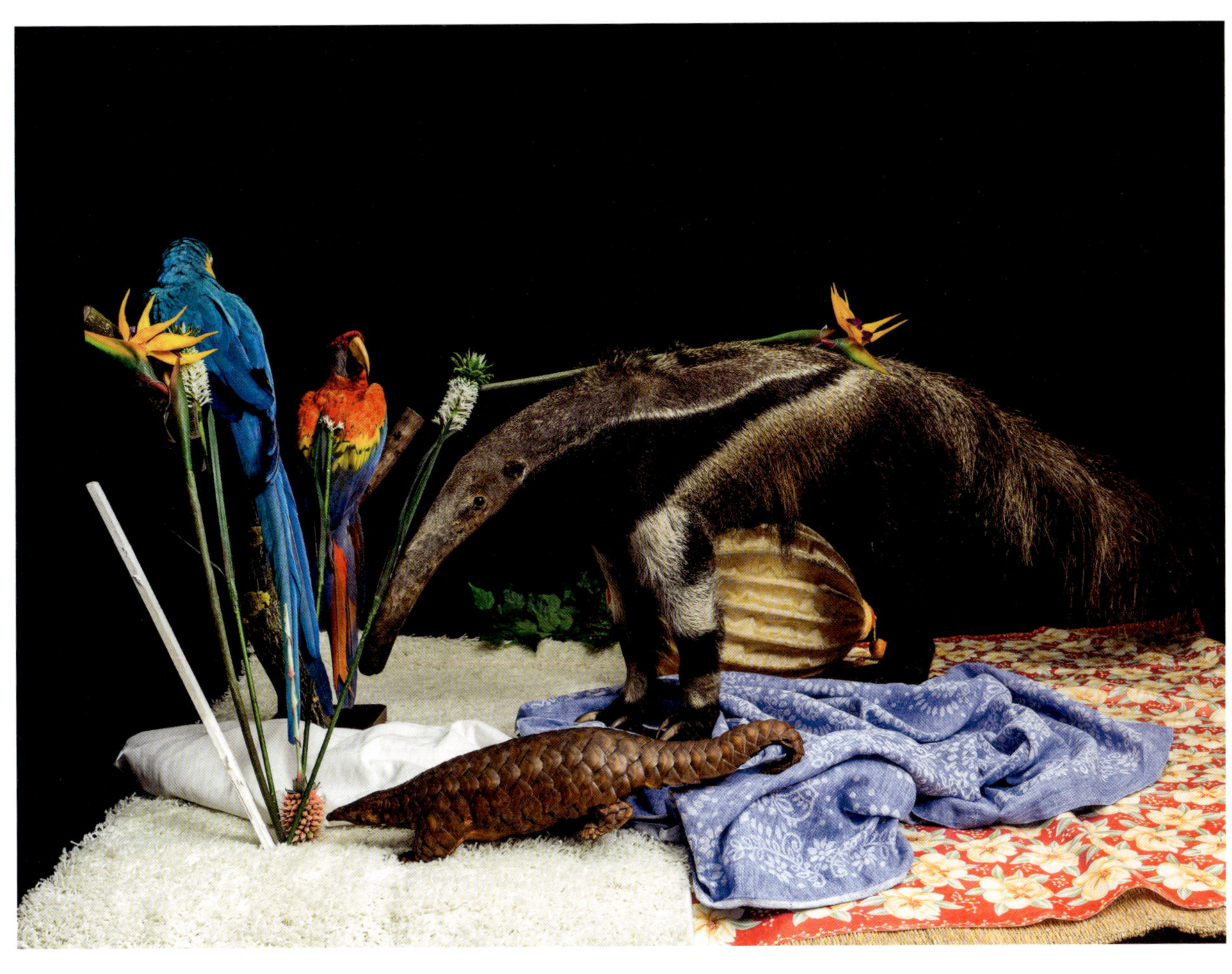

Dioramen in ihrer Konstruiertheit, als Objekt an sich und in ihrer Modellhaftigkeit ausstellen, desto mehr kann der transportierte Inhalt hinterfragt und reflektiert werden. Die Art und Weise der Zusammenstellung der ausgewählten Einzelteile trägt wesentlich dazu bei – wird eine widerspruchslose Narration suggeriert, oder ergeben sich Brüche und werden Fragen aufgeworfen?

IV. Künstlerische Denkräume

Die in Habitat Dioramen präsentierte Vorstellung der Natur wird durch künstlerische Blicke hinterfragt. Steinbrener/Dempf & Huber stehen in einer Tradition von Künstler*innen, angefangen mit Marcel Duchamp,[38] die Dioramen als künstlerisches Medium einsetzen, um mit Sehgewohnheiten zu brechen und Denkräume zu öffnen. Auch historische Dioramen werden künstlerisch bearbeitet und ermöglichen so neue Sichtweisen. Die Fotografien der Serie *Animal Logic* (2004–2008) von Richard Barnes stellen das Bild der unberührten Natur in den Habitat Dioramen infrage, in denen sämtliche menschliche Eingriffe und Spuren getilgt sind.[39] Barnes schaut hinter die Kulissen und ermöglicht Blicke, die Museumsbesucher*innen üblicherweise verborgen bleiben. Bei der Herstellung und Restaurierung der Dioramen wird positioniert, gemalt, ausgebessert, gesaugt und hergerichtet. Die Fotografien zeigen die Arbeit und die Sorgfalt, die hinter den Dioramen stecken, und präsentieren sie als menschengemacht. Dabei wird der Widerspruch vor Augen geführt, der sich zwischen der bis ins Detail konstruierten Szenerie und dem natürlichen Anblick ergibt, der hergestellt werden soll. Einen physischen Perspektivenwechsel ermöglicht Alois Kronschlaeger in der ortsbezogenen Installation *Habitat* (2012) im Grand Rapids Museum Michigan.[40] Hier lädt etwa eine halb geöffnete Glasscheibe zum Betreten des Dioramas ein, ebenso wie ein Steg, der in die gemalte Illusion eines Sees führt. Die Trennung durch die Glasscheibe wird aufgehoben, die Illusion gebrochen, ein anderer Blickwinkel und eine andere Wahrnehmung der Habitat Dioramen werden ermöglicht.

Aus der Beschäftigung mit Habitat Dioramen übernehmen Künstler*innen Anordnung und Funktionsweisen, um den so geschulten Blick auf die Welt zu entlarven und zu hinterfragen sowie alternative Modellwelten zu entwerfen. Anders als die möglichst perfekte Illusion und angestrebte Natürlichkeit interessiert in der Kunst eher der Bruch dieser Illusion und die Kombination mit dem Alltäglichen.[41] In der Arbeit *Landfill* (1999–2000) bedient sich Mark Dion des klassischen Aufbaus von perspektivisch gemaltem Hintergrund, Vordergrund und Tierpräparaten, um einen wirkungsvollen Realismus zu erzeugen, lässt diesen aber mit dem kontextuellen Realismus der präsentierten Szenerie kollidieren.[42] Eine große, hölzerne Versandkiste auf Rädern, wie sie für den Transport von Waren oder Kunstwerken verwendet wird,[43] steht frei im Raum und bietet auf einer Seite Einblick. Hier sind Abfall und vom Menschen verursachte Umweltverschmutzung zu sehen sowie Tiere, die darin leben und sich davon ernähren. Die Auswahl der Objekte und deren Zusammenstellung erzählen eine andere Geschichte als jene vom Idealbild Natur, wie es in Habitat Dioramen hergestellt und vermittelt wird. Es ist ein dystopischer Realismus, der den Blick dahin lenkt, wo wir lieber nicht hinsehen. Dion spielt auf nicht-menschliche Netzwerke und Ökosysteme an, in die wir wesentlich verstrickt sind, die wir aber kulturell verleugnen.[44] Die menschlichen Eingriffe, die von einem rücksichtslosen und unbedachten Umgang mit der Natur zeugen, führen zu Zerfall und Zerstörung. Gleichzeitig zeigen sich in der Fähigkeit einiger Tiere, sich an die katastrophalen Bedingungen anzupassen, die ökologischen Folgen, die das Anthropozän charakterisieren.[45] Der Zerfall wird zudem von Insekten vorangetrieben, welche ihrerseits keinen Platz in den Habitat Dioramen der Naturkundemuseen haben. Mehr noch wird großer konservatorischer Aufwand betrieben, Insekten von den Tierpräparaten fernzuhalten, da sie diese angreifen und zersetzen.[46] Die von den Habitat Dioramen erzeugten Vorstellungen unterläuft Dion und stellt zugleich unseren Umgang mit der Natur und unser Verhältnis zu ihr in den Raum und zur Diskussion.

Alltägliche Gebrauchsgegenstände und Konsumgüter, Wegwerfmaterialien wie Plastikbecher, Spielzeugfiguren und andere Abfälle verwendet auch Isa Genzken in ihren dioramatischen Skulpturen der Serie *Empire/ Vampire* (2003–2004). Diese Objekte erscheinen überdimensional groß in den Miniaturszenerien postapokalyptischer Verwüstung und Verwirrung, die sich ohne einrahmende Kästen auf einem Sockel präsentieren. Hier stehen weder Tierpräparate noch die Natur im Zentrum, sondern kleine Plastikspielzeugfiguren sowie die Konstruktion und Dekonstruktion unserer Umwelt.

Die künstlerische Beschäftigung mit Dioramen weist eine große Bandbreite auf, sowohl bei den behandelten Inhalten als auch in der Ausführung.[47] Konstellationen im Raum, Maßstäbe, Materialien und Medien sind wesentliche Gestaltungsmittel und als ausgewählte Elemente zugleich Bedeutungsträger. Der Modellcharakter von Dioramen eröffnet einen kreativen Raum, um mit Auswahl und Zusammenstellung zu experimentieren und Neues zu denken. Das Diorama wird zum Arbeitsmodell, das die gedachten Möglichkeiten visualisiert. Modelle sind ein Mittel, um außerhalb der Sprache „Irreales, Potenzielles, Wünschbares und anderes, das in der Kategorie des Seinkönnens lebt, in Erscheinung treten zu lassen"[48], und entsprechen somit der syntaktischen Kategorie des Konjunktivs. In den Bereich der Möglichkeit erhoben, öffnen Dioramen beinahe unbegrenzte Denkräume, in denen sich Entwürfe von Gegenwelten, von dystopischen und utopischen Zukunftsszenarien visualisieren lassen. In einem Mit- und Nebeneinander von Objekten, Hintergrund und Raum entstehen Bilder und Assoziationen, die von den Betrachter*innen weitergesponnen werden können. Als künstlerisches Medium eingesetzt, wird das Diorama zur Ausformulierung einer dreidimensionalen Möglichkeitsform.

1 Zur Geschichte von Dioramen und Panoramen: Stephan Oettermann: *Das Panorama. Die Geschichte eines Massenmediums*, Frankfurt am Main 1980; Bernard Comment: *Das Panorama. Die Geschichte einer vergessenen Kunst*, Berlin 2000; Erkki Huhtamo: *Illusions in motion. Media archaeology of the moving panorama and related spectacles*, Cambridge/London 2013; zur Entwicklung der Museumsdioramen: Alexander Gall: „Auf dem langen Weg ins Museum. Dioramen als kommerzielle Spektakel und Medien der Wissensvermittlung im langen 19. Jahrhundert", in: ders., Helmuth Trischler: *Szenerien und Illusion. Geschichte, Varianten und Potenziale von Museumsdioramen*, Göttingen 2016, 27–106. **2** Vgl. Giovanni Aloi: *Speculative Taxidermy. Natural History, Animal Surface, And Art In The Anthropocene*, New York 2018, 113–114. **3** Anke te Heesen: *Theorien des Museums*, Hamburg 2012, 68. **4** Vgl. Krzysztof Pomian: *Der Ursprung des Museums. Vom Sammeln*, Berlin 1988, 13–14. **5** Vgl. Karen Wonders: *Habitat Dioramas. Illusions of Wilderness in Museums of Natural History*, Uppsala 1993, 106–107; Karen A. Rader, Victoria E. M. Cain: *Life on Display. Revolutionizing U.S. Museums of Science and Natural History in the Twentieth Century*, Chicago 2014, 47–50. **6** Vgl. Marjorie Schwarzer, Mary Jo Sutton: *The Diorama Dilemma. A Literature Review and Analysis*, 2009, 9, https://www.academia.edu/6727013/The_Diorama_Dilemma_A_Literature_review_and_Analysis_MS_and_MJS_The_Diorama_Dilemma_A_Literature_Review_and_Analysis (29. Jänner 2021). **7** Alexander Gall, Helmuth Trischler: „Museumsdioramen: Geschichte, Varianten und Potenziale im Überblick", in: Gall/ Trischler 2016 (wie Anm. 1), 9–26, hier 9. **8** Vgl. Annette Scheersoi: „Dioramen als Bildungsmedien", in: Gall/Trischler 2016 (wie Anm. 1), 319–333, hier 322–323; Gall/Trischler 2016 (wie Anm. 7), 23. **9** Stephen Christopher Quinn: *Windows on Nature. The great Habitat Dioramas of the American Museum of Natural History*, New York 2006, 8. **10** Vgl. Wonders 1993 (wie Anm. 5), 126; Rader/Cain 2014 (wie Anm. 5), 62–64. **11** Vgl. Aloi 2018 (wie Anm. 2), 107. **12** Vgl. Wonders 1993 (wie Anm. 5), 148. **13** Vgl. Susanne Köstering: *Natur zum Anschauen. Das Naturkundemuseum des deutschen Kaiserreichs 1871–1914*, Köln 2003; Samuel J.M.M. Alberti, Christopher Whitehead (Hg.): „Constructing Nature behind the Glass", in: *Museum and Society* 6 (2008), Special Issue, https://journals.le.ac.uk/ojs1/index.php/mas/issue/view/34 (15. März 2021). **14** Vgl. Schwarzer/ Sutton 2009 (wie Anm. 6), 7. Carl Akeley schuf mit dem *Muskrat Diorama* (1889) im Milwaukee Public Museum das erste Habitat Diorama als Präsentationsform in einem Naturkundemuseum. Vgl. Quinn 2006 (wie Anm. 9), 15. **15** Vgl. Donna Haraway: „Teddy Bear Patriarchy: Taxidermy in the Garden of Eden, New York City, 1908–1936", in: dies.: *The Haraway Reader*, New York 2004, 151–198, hier 163–164. **16** Vgl. ebd., 157. **17** Vgl. ebd., 156. **18** Erstmals publiziert in dem Journal *Social Text* 11 (Winter 1984/85), 20–64. **19** Vgl. ebd., 152 **20** Vgl. Susanne Köstering: „Dioramen im Kontext", in: *Natur im Museum* 5 (2015), 5–12, hier 9. **21** Vgl. Haraway 2004 (wie Anm. 15), 156. **22** Vgl. Wonders 1993 (wie Anm. 5), 148. **23** Johann Joachim Winckelmann: *Gedanken über die Nachahmung der griechischen Werke in der Malerei und Bildhauerkunst*, Dresden/Leipzig 1756, 4. **24** Ebd., 14. **25** Vgl. Regina Wonisch: „Schnittstelle Ethnographie. Ein Rundgang durch das Naturhistorische Museum Wien", in: Belinda Kazeem, Charlotte Martinz-Turek, Nora Sternfeld: *Das Unbehagen im Museum. Postkoloniale Museologien*, Wien 2009, 217–232, hier 229; Roswitha Muttenthaler, Regina Wonisch: *Gesten des Zeigens. Zur Repräsentation von Gender und Race in Ausstellungen*, Bielefeld 2006, 82. **26** Vgl. Aloi 2018 (wie Anm. 2), 124–125. **27** Umberto Eco: *Travels in Hyperreality. Essays*, San Diego, California 1986, 26. **28** Ebd., 22. **29** Vgl. ebd., 101. **30** Bernd Mahr: „Ein Modell des Modellseins. Ein Beitrag zur Aufklärung des Modellbegriffs", in: Ulrich Dirks, Eberhard Knobloch (Hg.): *Modelle*, Frankfurt am Main/Wien 2008, 187–218, hier 191. **31** Bernd Mahr: „Modellieren. Beobachtungen und Gedanken zur Geschichte des Modellbegriffs", in: Sybille Krämer (Hg.): *Bild, Schrift, Zahl*, München 2003, 59–86, hier 77. **32** Ebd., 77–78. **33** Vgl. ebd. sowie Terry Quatrani: *Visual Modeling with Rational Rose 2000 and UML*, E-Book 2000, 13–14, https://web4study.net/book/visual-modeling-with-rational-rose-2000-and-uml-by-terry-quatrani/ (16. März 2021). **34** Vgl. Lina Maria Stahl: „Zell-Modell und Modell-Zelle. Mikroskopische Bildgebung als Vorgang der Modellierung", in: Friedrich Balke, Bernhard Siegert, Joseph Vogl (Hg.): *Modelle und Modellierung*, Paderborn 2014, 47–55, hier 52. **35** Balke/Siegert/Vogl 2014 (wie Anm. 34), 7. **36** Im American Museum of Natural History sollen die Präsentationen in den Habitat Dioramen ganz für sich sprechen, sodass die Beschriftungen zurückgenommen werden, um nicht in Konkurrenz mit der Wirkung der Habitat Dioramen zu treten, und auch eine Spiegelung im Glas soll vermieden werden, um die Umgebung möglichst auszublenden. Vgl. Quinn 2006 (wie Anm. 9), 19 und Petra Lange-Berndt: *Animal Art. Präparierte Tiere in der Kunst 1850–2000*, München 2009, 77. **37** Diese Fragen werden in institutionskritischen Ansätzen gestellt, die auch die Rolle der Museen untersuchen, insbesondere die der Vermittlung. Vgl. Beatrice Jaschke, Charlotte Martinz-Turek, Nora Sternfeld (Hg.): *Wer spricht? Autorität und Autorschaft in Ausstellungen*, Wien 2005. **38** Vgl. Michael R. Taylor: *Marcel Duchamp. Étant donnés*, Philadelphia 2009. **39** Vgl. Aloi 2018 (wie Anm. 2), 105. **40** Vgl. http://www.aloiskronschlaeger.com/index.php?/sitespecific/habitat/ (25. März 2021) sowie https://aloiskronschlaeger.wordpress.com/tag/habitat-2/ (25. März 2021). **41** Vgl. Lange-Berndt 2009 (wie Anm. 36), 77. **42** Vgl. Aloi 2018 (wie Anm. 2), 105. **43** Vgl. Lange-Berndt 2009 (wie Anm. 36), 161. **44** Vgl. Aloi 2018 (wie Anm. 2), 105. **45** Vgl. ebd., 106–107. **46** Vgl. Lange-Berndt 2009 (wie Anm. 36), 171. **47** Vgl. dazu auch die Ausstellungskataloge: Katharina Dohm, Claire Garnier, Laurent Le Bon, Florence Ostende (Hg.): *Diorama. Erfindung einer Illusion*, Schirn Kunsthalle Frankfurt am Main, Köln 2017; David Revere McFadden: *Otherworldly. Optical delusions and small realities*, Museum of Arts and Design, New York, New York 2010. **48** Bernd Mahr: „Das Mögliche im Modell und die Vermeidung der Fiktion", in: Thomas Macho, Annette Wunschel (Hg.): *Science & Fiction. Über Gedankenexperimente in Wissenschaft, Philosophie und Literatur*, Frankfurt am Main 2004, 161–182, hier 161.

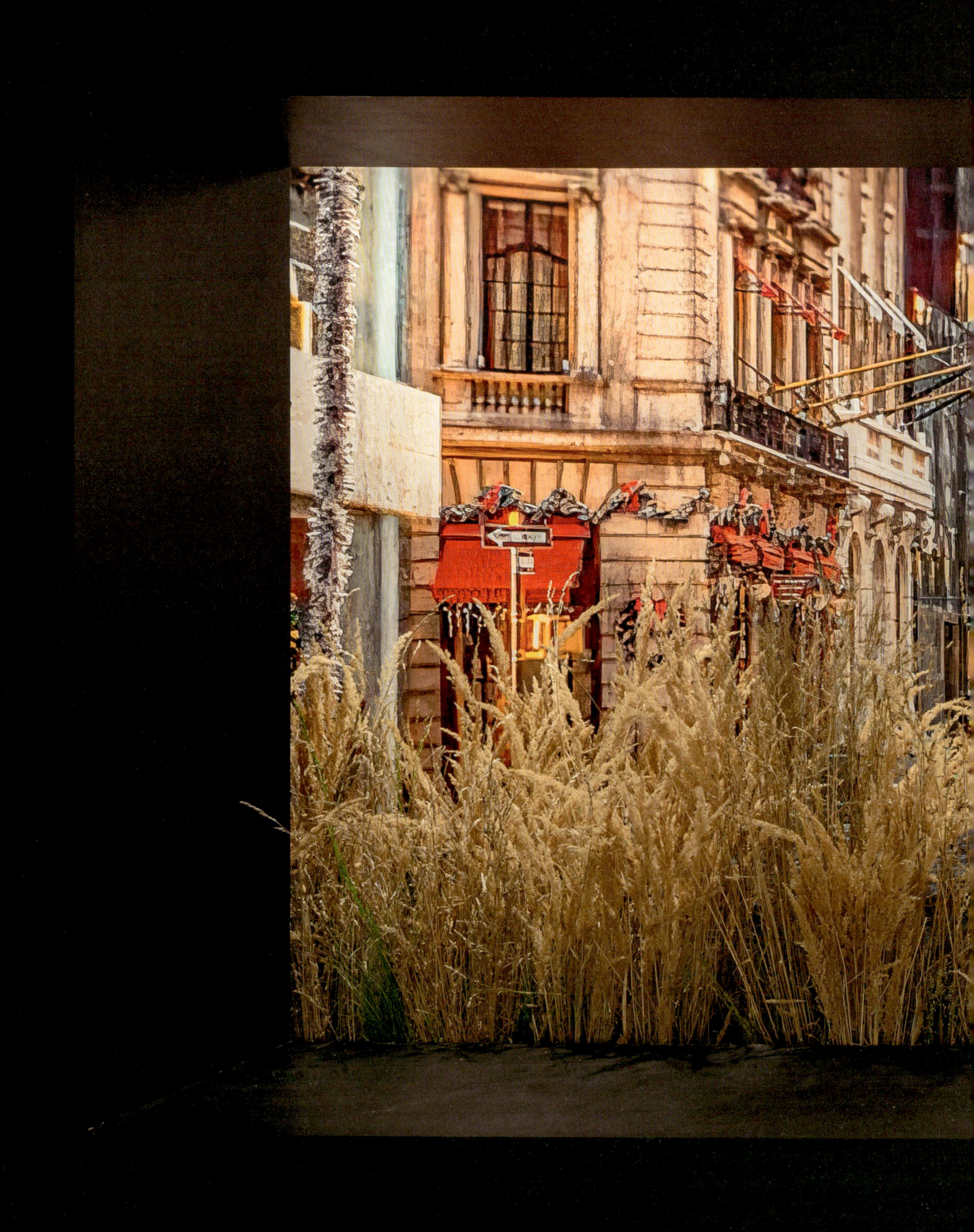

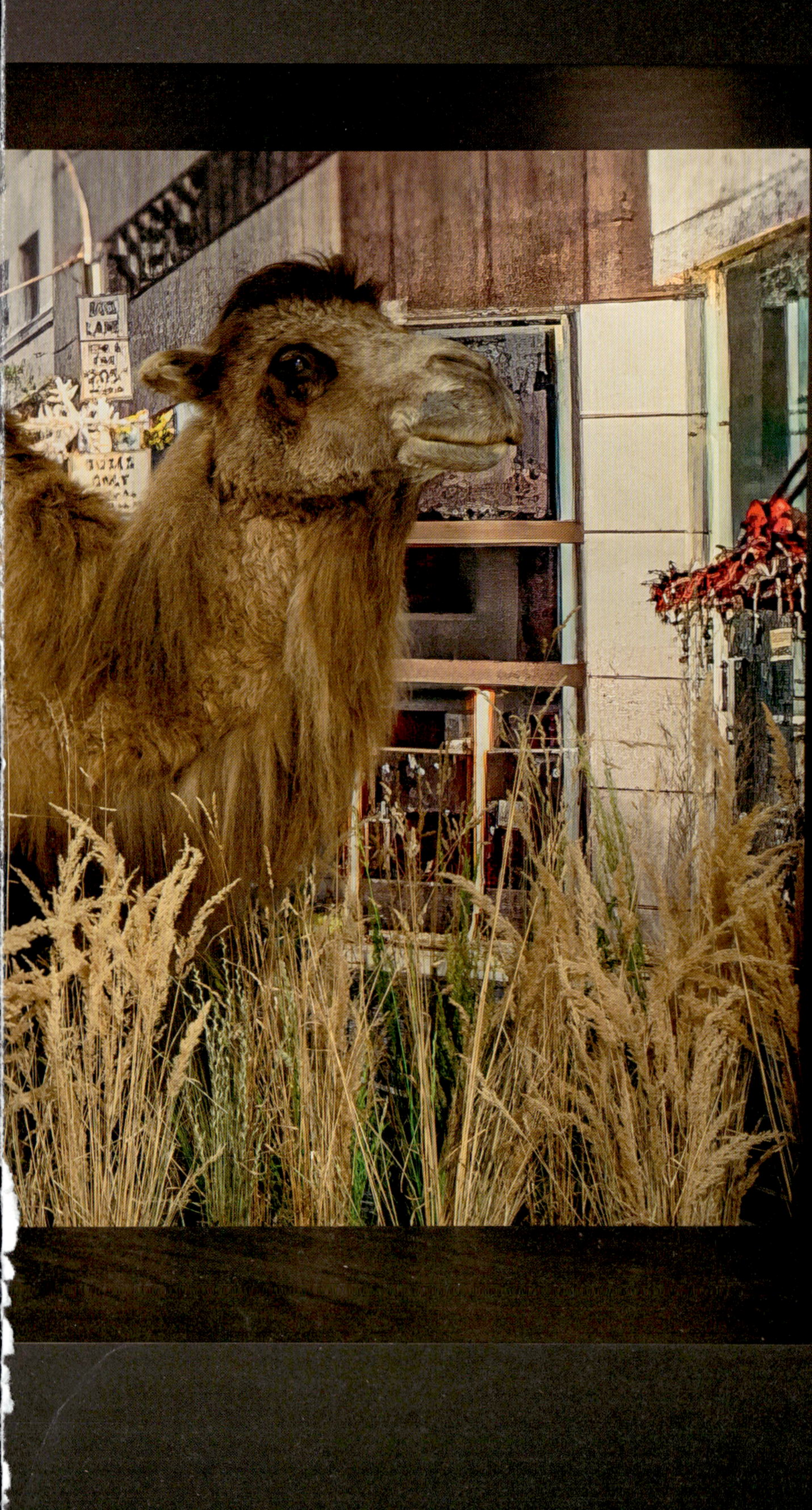

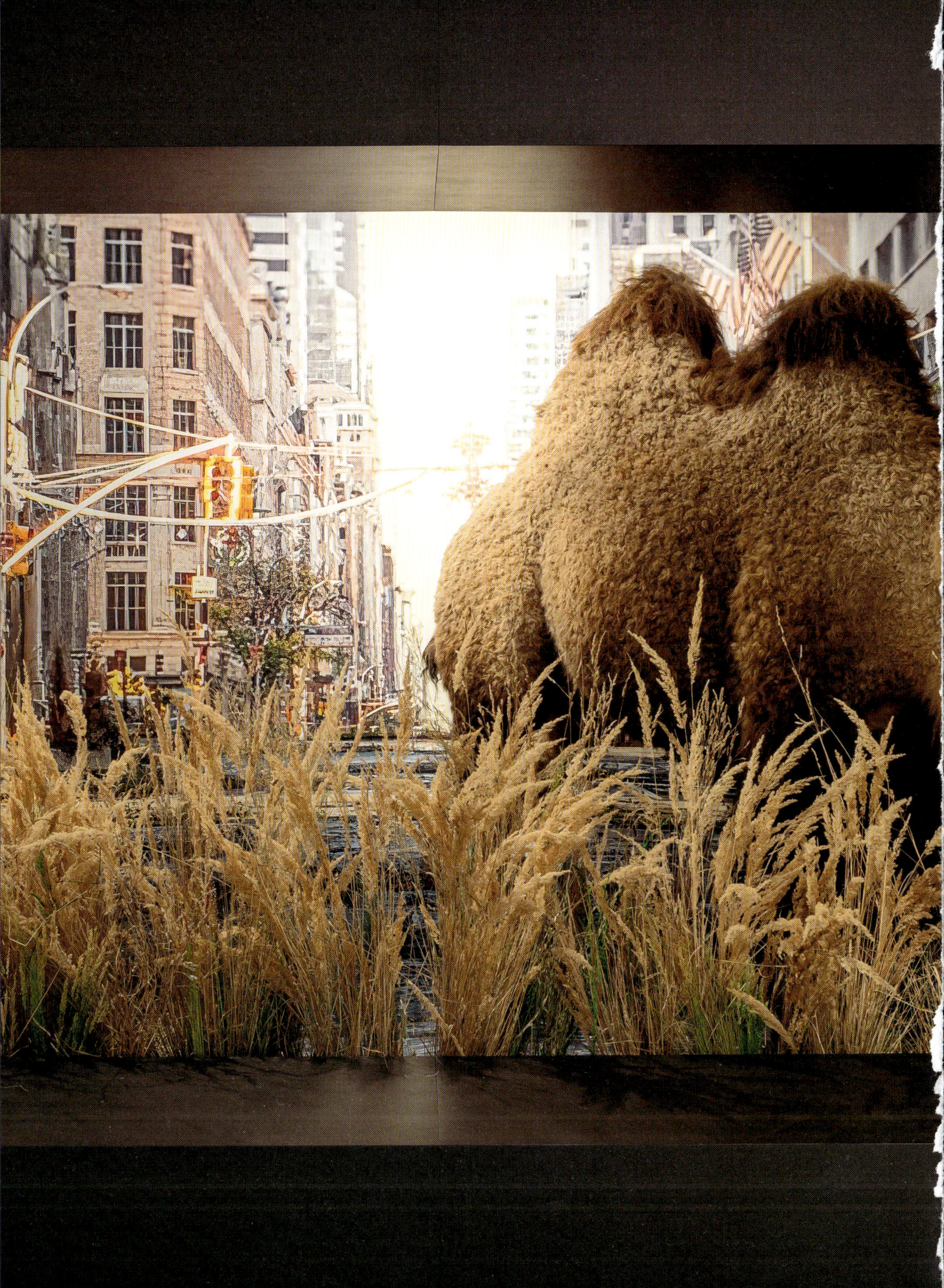

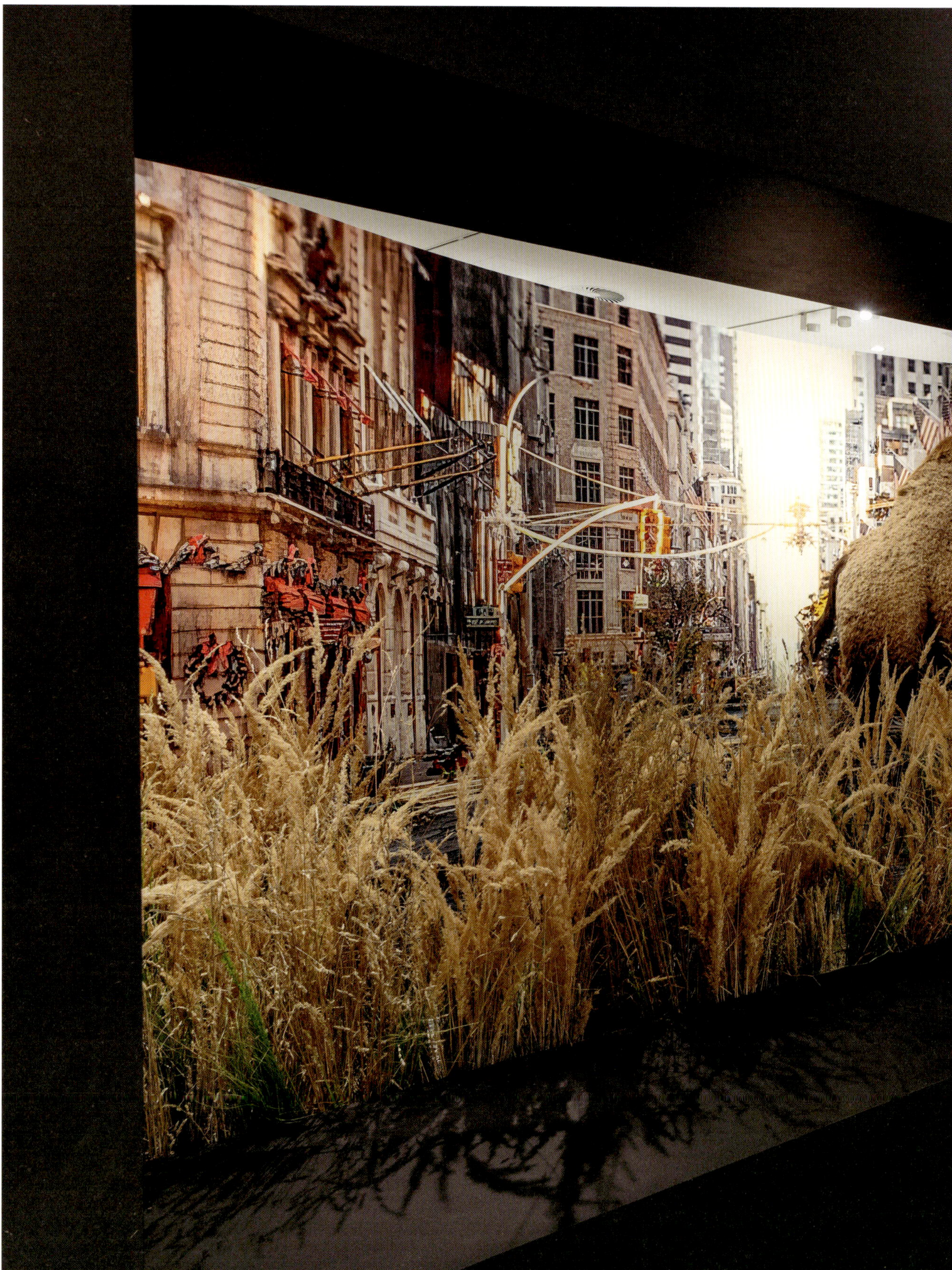

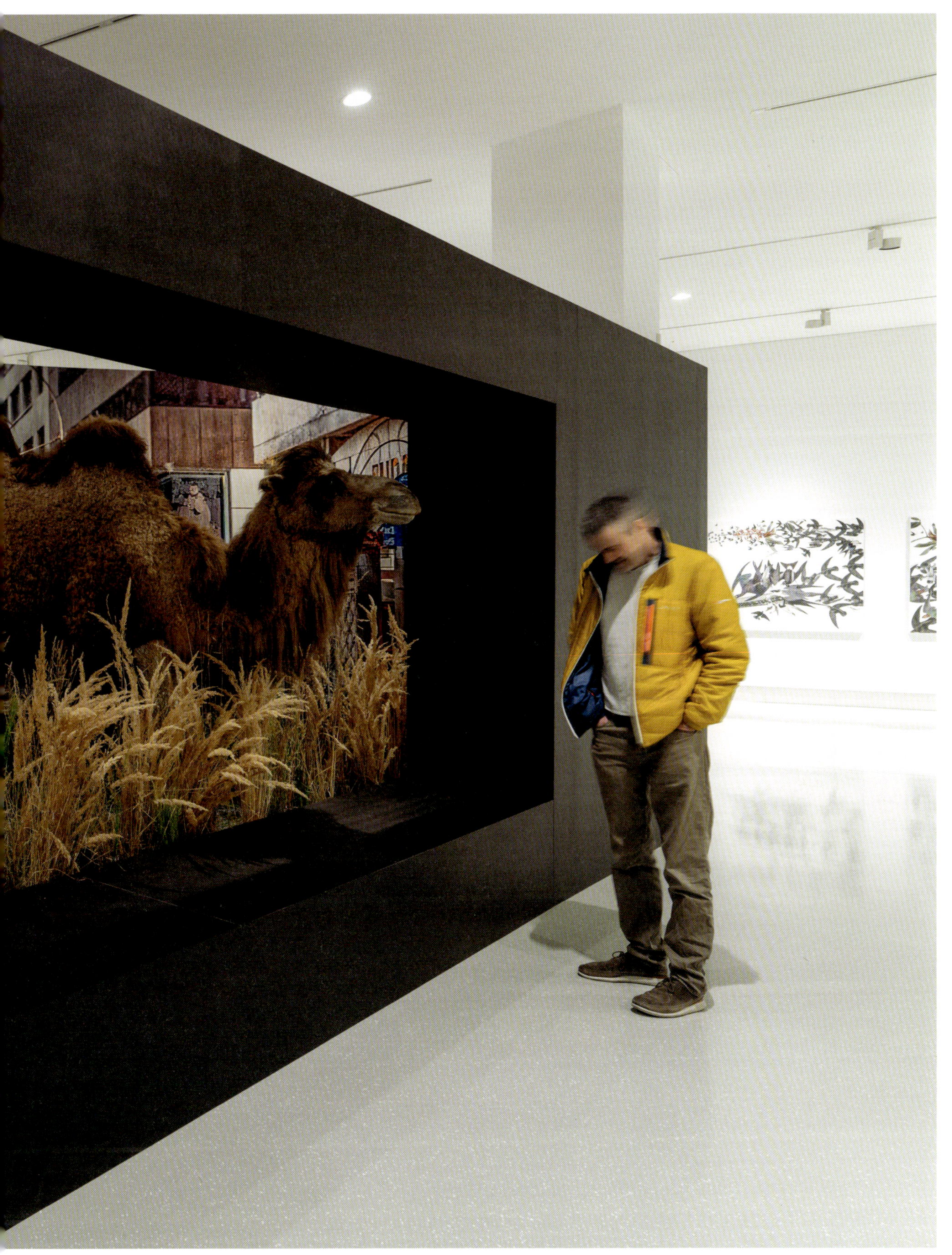

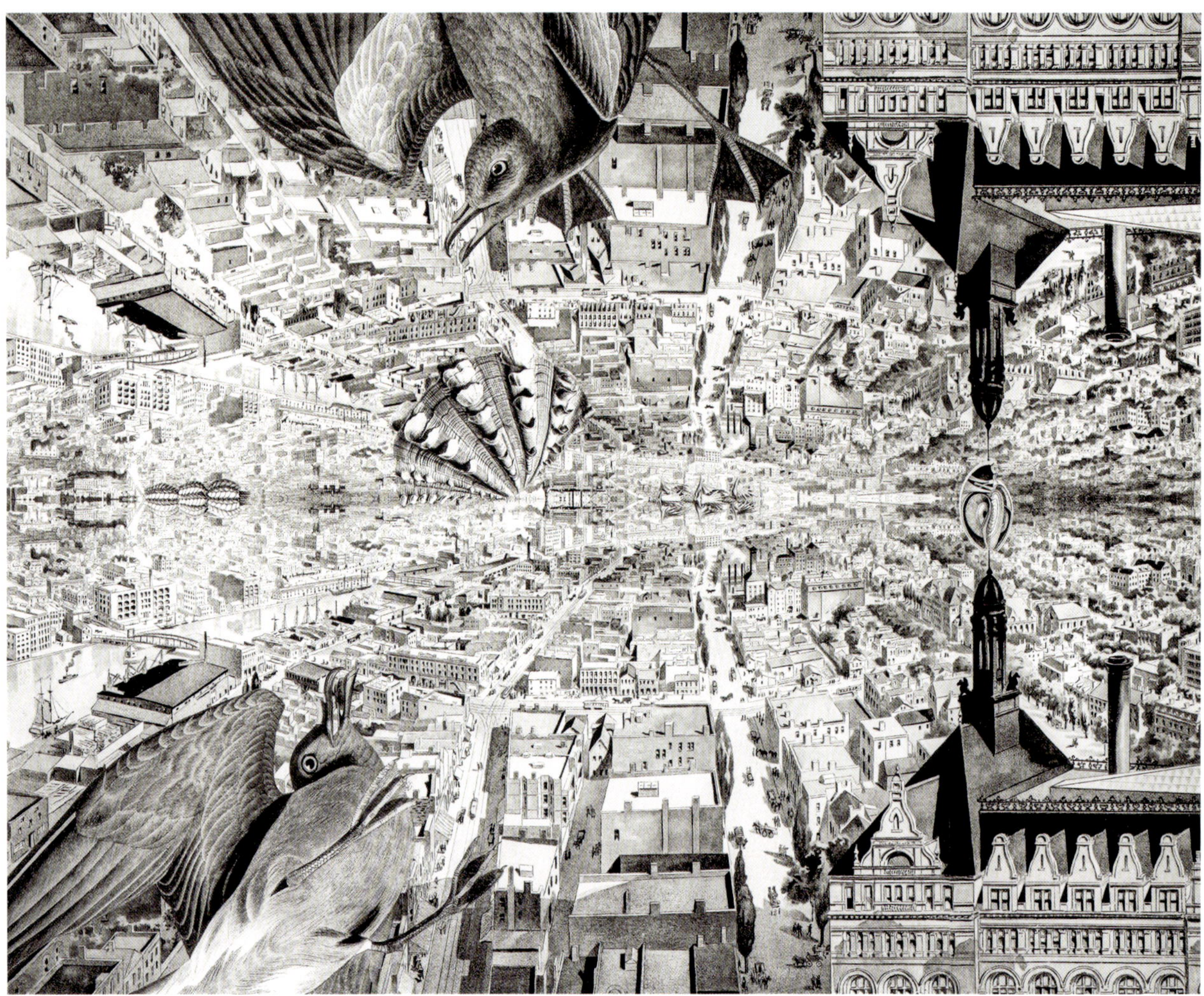

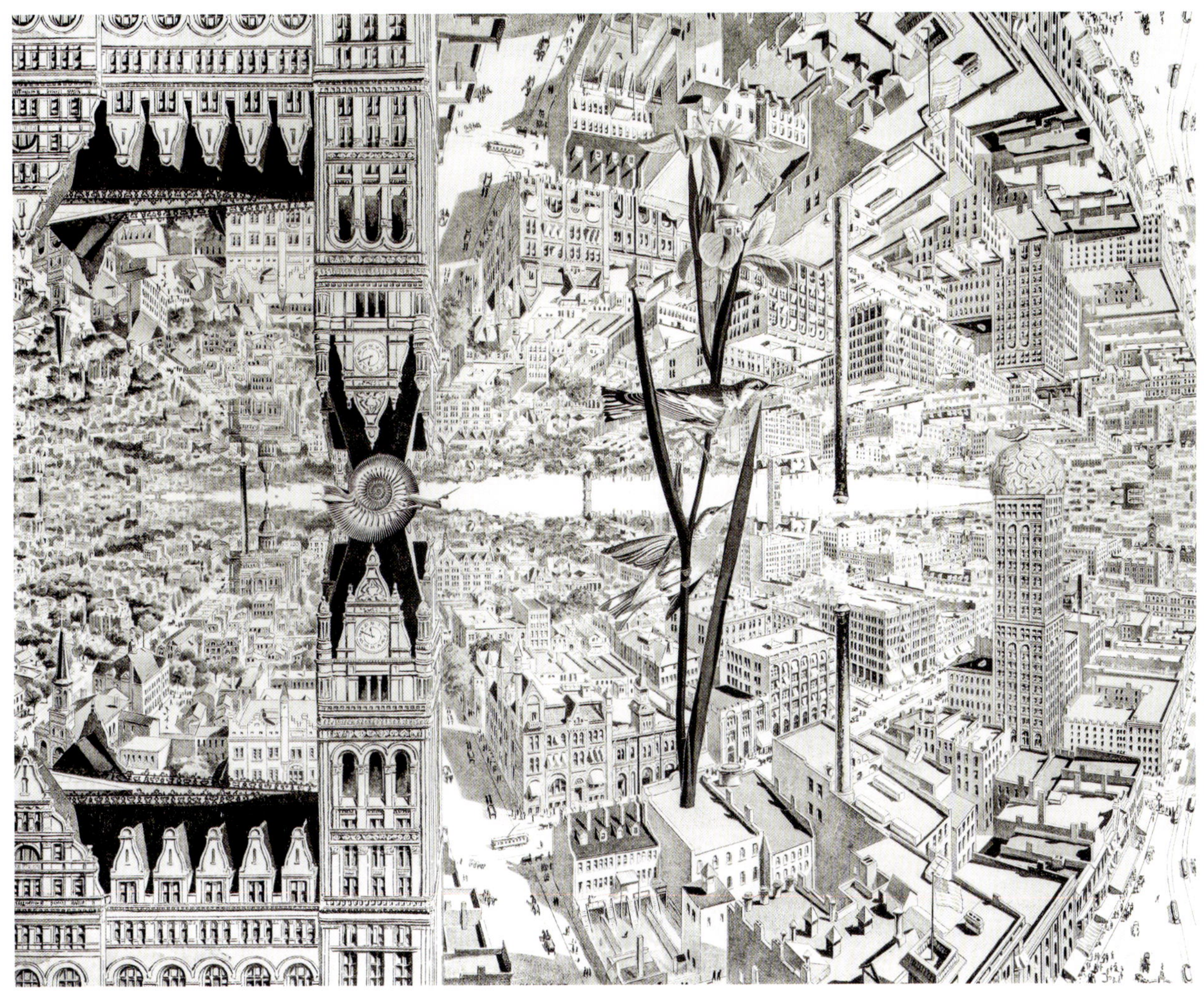

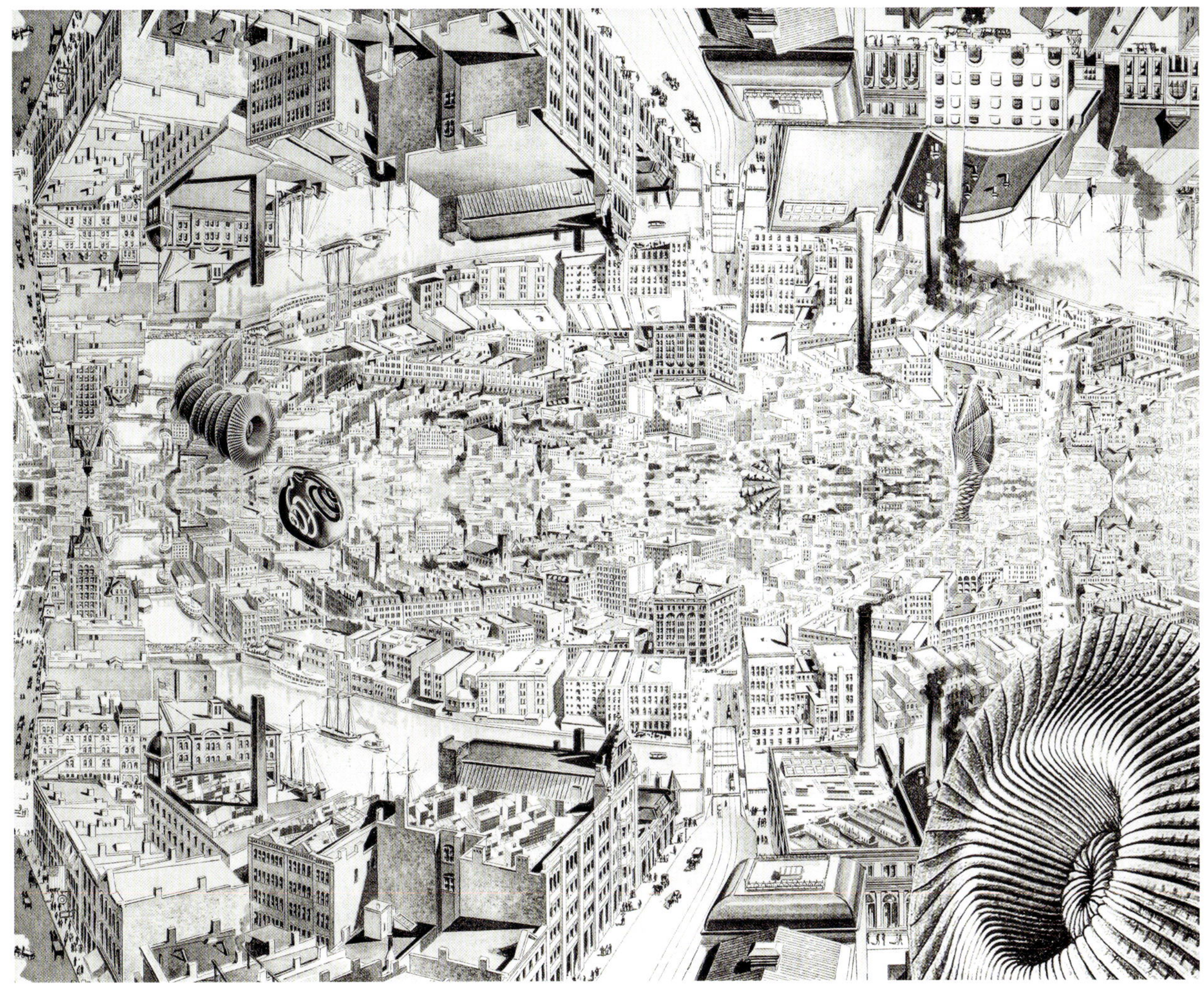

THE DIORAMA
A Three-dimensional Realm of Possibilities

Nora Pierer

What is a camel doing in Manhattan? Why is there a red sofa floating through outer space? What scared the ibex so much that it slammed into the glass? These and similar questions are raised by the dioramas created by Steinbrener/Dempf & Huber. Viewers are invited to embark on a voyage of discovery, to immerse themselves in the scenes presented, and to search for clues and connections. These dioramas can be read as thought experiments put into visual form—where surprising things that are at first sight incompatible come together. A dense web of allusions and quotations raises questions and triggers associations. The constructedness of the content, which results from careful selection and composition, remains recognizable, as do the structural underpinnings. Unlike in the habitat dioramas that have become an established form of display in natural history museums, there is no effort made here to create a seamless illusion. While the former present an idealized image of nature and completely conceal their own constructedness through an elaborate simulation of reality, Steinbrener/Dempf & Huber present in their dioramas a realm of possibilities. Rather than trying to (re-)present a certain reality, they visualize various considerations, alternatives, wishes, and fears. The possibility could become reality, but it could just as easily remain something unreal. For all the differences in their approaches and objectives, dioramas are all model views of the world. The elements of both habitat dioramas and artistic dioramas are deliberately selected and positioned to create a particular image or call it into question. In one work by Steinbrener/Dempf & Huber, tigers, zebras, wolves, penguins, and a host of other animals gather in a Biedermeier living room. This is not their natural habitat, nor would such a variety of animal species and genera from different climatic zones, including predators as well as prey, ever be found in nature coexisting peacefully in such close quarters. This assembly thus presents a possibility— are animals conquering the human habitat now that theirs is increasingly being destroyed?

I. Selection and Composition

The three-dimensionality and materiality of dioramas offer several different levels for making the respective selection and arranging the composition. The individual components are variables, as it were, cogs that can be turned one way or another to influence the narrative—to tell a coherent story or to raise questions. The effect made by a diorama results from the combination of three-dimensional exhibits, a sculpturally designed foreground, and a background image with a perspectival illusion of depth. This is the classic form that emerged in nineteenth-century dioramas and was perfected in habitat dioramas, always in an effort to create as perfect an illusion as possible and to present privileged views of nature.[1] The scenes depicted in habitat dioramas are carefully composed. The background motif is coordinated with the foreground, which, as it were, forms the stage for the production. The effect is further enhanced by lighting.[2] In habitat dioramas, narratives are constructed that convey or tell of a certain viewpoint on reality.

Dioramas always showcase a frozen moment in time. The spatial juxtaposition of the elements suggests associations and contexts. A narrative unfolds based on individual objects that are integrated into a web of relationships encompassing the scenery, space, and material. The selection and composition are not random but deliberately chosen to convey the intended message and, as it were, to present a model view. Which objects and exhibits are shown in the diorama, how they relate to each other, and which connections are established—all of these factors influence our perception.

According to Anke te Heesen, three main modes of visualization have crystallized in how museums display their exhibits: "viewing the individual piece as a masterpiece or trophy, viewing a series of objects as a taxonomic system or a history of development, or composing an overall picture in which the object is embedded in an atmospheric context."[3] Both the second and third forms of presentation start from a basic assumption that is to be supported with the help of the composition. When objects are "composed as an overall picture," as is the case in dioramas, the composition is obviously made with an intended narrative in mind. Dioramas thus represent their own kind of model exhibition. They reconstruct in original size or in scale one of many possible views of the world, which in the context of the museum becomes an exemplary excerpt. The arrangement of the individual parts within the diorama in turn constructs a context for them, embeds them in a scene. The composition is based on criteria of dramaturgy and aesthetics.

Dioramas can be understood as a kind of model that represents an excerpt of reality, shaping it in such a way as to render it more readily understandable. Simplifications are made so that viewers can concentrate on the essential elements of the narrative. This presupposes a selective approach and purposeful reduction. With regard to the story that is to be told by the diorama, a specific point of view is determined and an excerpt chosen. According to Krzysztof Pomian, the objects in the diorama, or indeed in the museum, are always detached from their original context and deprived of their function.[4] These are selected and reduced objects that are then reassembled in the diorama. This then spotlights different frames of reference, associations, and functions.

II. Constructed Ideal Image

Habitat dioramas are distinguished by how they bring together groups of animals in the form of mounted specimens and embed them in a simulation of their natural habitat. Ever since their introduction as a museum presentation practice in the nineteenth century, they have stood in contrast to the systematic presentation of exhibits customary in natural history museums up to that time. The habitat dioramas of the late nineteenth and early twentieth centuries by all means pursued a progressive concept of education, as the museums, especially in Scandinavia and the USA, were meant to address not only experts but a broad audience.[5] This form of presentation fulfilled the museum's mission to be at once popular, educational, and informative.[6] The scenes presented facilitate viewers' understanding of the exhibits. A great attraction lies in the illusionary effect, "which may deceive or enchant the viewer for a brief moment,"[7] and in the vividness with which stories are told and experienced. Habitat dioramas create worlds in which viewers can immerse themselves with a mixture of voyeurism and the joy of discovery. The compiled scenarios evoke emotions; they invite identification, confrontation, and intense engagement with the depicted subject.[8] A "window on nature" opens up,[9] with time seeming to stand still behind the glass, where a scene is captured and displayed for careful contemplation. The framed and thus carefully steered gaze can explore the staged scene of things unknown and foreign. Habitat dioramas present a condensed excerpt of both local and exotic animal life, which would be difficult to perceive in such detail in nature.[10] These are scenes of untouched nature that city dwellers may never encounter.[11] Our longing for the wilderness and for primeval settings increases as civilization drives them further and further back and ultimately causes them to vanish.[12] Dioramas in particular present exotic flora and fauna couched in a colonial self-image, making them accessible to an audience that does not have the means to travel to these far-off places. The life worlds depicted are artificially and artistically reconstructed from originals and replicas, down to the last detail.

While attempting to resemble nature as closely as possible, the staging of these scenes of course conveys a certain preconception of nature. Ever since their early days in the eighteenth century, natural history museums have displayed not nature itself but how humans imagine it to be.[13] Exhibiting nature in the museum harbors the risk of constructing an ideal image of what nature should be like without reflecting on that image, presenting it instead as a state of reality. Carl Akeley perfected the habitat diorama as form of display while working at the American Museum of Natural History (AMNH).[14] With his ambition to turn taxidermy into an art, he refined the technique to the point where it allowed animals to be modeled and recreated in natural poses that simulate motion.[15] This made it possible for the creators of dioramas to (re)construct their own conception of nature.[16] Akeley and his team selected only exemplary, healthy animals on their African safaris, and never old, deformed, or diseased specimens, always with a view to later assembling them as aesthetically pleasing groups in the museum.[17] Donna Haraway criticizes this approach and the resulting staged scenarios at the AMNH, in especially in the museum's "African Hall," in her seminal text *Teddy Bear Patriarchy: Taxidermy in the Garden of Eden, New York City, 1908–1936.*[18] She points out that only what fits the narrative of intact, pristine nature from the white man's point of view is on display in the museum. The (re)construction of nature shows nothing of Africa but instead brings to life the history of racialization, gender, and class in New York City.[19] Haraway thus denounces the judgmental representation of nature in habitat dioramas. The striving for realism is at particular risk of falling prey to ideological implications.[20] By composing peaceful groups in which a male animal watches over one or two females and their young, the social norm of the nuclear family, the human division of labor, and human sexual hierarchies are carried over into the animal world.[21] In this way, certain notions of morality are consolidated and appear to be only natural. The fact is that the dioramas reveal how nature is perceived by humans, betraying more information about society than natural history.[22]

The constructed ideal image in habitat dioramas corresponds to the classical notion of the beauty of nature. This is a thoroughly artistic treatment and representation of the natural world. Johann Joachim Winckelmann, whose treatise *Gedanken über die Nachahmung der griechischen Werke in der Malerei und Bildhauerkunst* (Thoughts on the Imitation of Greek Works in Painting and Sculpture, 1755) strongly influenced the reception of classical antiquity and thus the art of the neoclassical period, saw the added value of art as consisting in the capacity to show "ideal beauty" that "originates in the mind alone."[23] The resulting improvement on nature goes well beyond mere copying. Beauty is thus depicted by conjoining "nature, intellect, and art."[24] The intended realism of habitat dioramas, including lifelike taxidermy, likewise represents an improvement on nature. If nature is to be brought into the museum, it must first be mastered. What is on display here is thus a killed and artificially restored nature, whereby the omnipresence of death is not meant to be noticeable.[25] The art of taxidermy attempts to reverse death—covering up the wounds, cleansing the animals of blood. The postures and facial expressions of the animals can be molded into the desired form and are therefore also variables that influence the statement made by the exhibit. The most lifelike reproduction possible produces idealized images showing how we believe nature should look. This takes a high degree of selection and manipulation, involving moderation, restraint, and finding harmony and balance between the individual body parts of the animals as well as between the individual objects within the scene.[26] Shaped according to one's own imagination, the replicas offer a substitute for reality. Umberto Eco even speaks with regard to dioramas of "hyperreality."[27] In a representation that is connoted as real, the "completely real" becomes identified with the "completely fake" and "absolutely unreality is offered as a real presence."[28] Reality is improved on, adapted to the desired image, with perfect imitation seeming to be even superior to reality.[29]

III. Model View

If we see what is presented to us in the diorama as a model view, many parallels can be discovered to models in general. Models help us to better comprehend large or abstract things by reducing their complexity and allowing us to communicate their aspects to others. Attempts to grasp the world through simplification, standardization, and structuring "are among the earliest techniques of world appropriation and production."[30] Models underlie an imagined order, whether they are used to illustrate a reality or to visualize ideas, desires, or fears. What we are capable of conceiving is always determined in part by the current state of science.

Models form an important basis for scientific work. Although their uses and roles may vary widely across disciplines, we can say in general that in the sciences models are "conceptualizations of things or states" and serve "to form hypotheses, to further knowledge, or to justify hypotheses."[31] Scientific models do not claim to be realistic but rather to make a specific, narrowly defined problem comprehensible and manageable in order to be able to investigate it or to make predictions. The reduced and simplified excerpt of reality represented by a model can be more easily grasped and processed when it is viewed in isolation. The "appropriation of the world" is always accompanied by a "production of the world."[32] Models not only help to organize, visualize, and understand complex issues but also to produce and embody them.[33] The first step of the procedure involves mapping what is known and representing it in a simplified form appropriate for use as a model. In subsequent steps, data is generated by the model and then read and interpreted.[34] Predictions can be made with the help of forecast models. Depending on the composition, selection, and weighting of individual variables, different future scenarios are suggested. The representative power of models is not least a factor of the vividness with which complex interrelationships are visualized. In the philosophy of science, good models are equated with bad models. "The more [models] gain in suggestive energy through internal consistency, logical coherence, and representational evidence, the more certain they are to become knowledge-political traps that attain the status of epistemological 'fetish' or 'lure.'"[35]

With their realism, close simulation of nature and the illusion they aim at creating, dioramas carry the risk that what they display could be taken as genuine reality and not recognized as a mere model.[36] This is in keeping with the long-held tradition of perceiving museums as authorities on knowledge production without questioning the institution and its mechanisms.[37] But who exactly is behind the *objective* representation in dioramas? The more dioramas are exposed as constructed worlds, as objects in their own right and as models, the more the content conveyed can be questioned and reflected upon. The way in which the selected elements are composed plays a significant role here—is a seamless story suggested, or are their inconsistencies that raise questions?

IV. Artistic Realms Of Thought

Many artists have questioned in their work the concept of nature presented in habitat dioramas. Steinbrener / Dempf & Huber are thus part of a tradition of artists, beginning with Marcel Duchamp,[38] who have used dioramas as an artistic medium in order to challenge visual habits and open up new ways of thinking. In some cases, artists revise historical dioramas to open up new perspectives. The photographs in Richard Barnes's *Animal Logic* series (2004–2008) challenge the image of pristine nature in habitat dioramas where all traces of human intervention and presence have been erased.[39] Barnes peeks behind the scenes, showing us views that are usually hidden from museum visitors. When dioramas are produced or restored, their elements are carefully positioned, painted, touched up, vacuumed, and arranged. Barnes's photographs reveal to us all the work and care that go into the dioramas, exposing them as man-made objects. The images thus strikingly convey the contradiction that arises between the scenery, which is artificially constructed down to the last detail, and the natural vista that is meant to be produced. Alois Kronschlaeger likewise provokes this physical shift of perspective in his site-specific installation *Habitat* (2012) at the Grand Rapids Museum in Michigan.[40] Here, a half-open glass pane invites visitors to enter the diorama, as does a foot-bridge leading into the painted illusion of a lake. The separation through the glass pane is eliminated and the illusion broken, enabling a different point of view and perception of the habitat diorama.

Artists who engage with habitat dioramas adopt their arrangements and modes of operation in order to lay bare and question the view of the world they encourage and to design alternative model worlds. Rather than striving for the most perfect replica possible and a natural look, the goal in art is to shatter this illusion by combining idealized visualizations with everyday elements.[41] In his work *Landfill* (1999–2000), Mark Dion uses the classic structure of painted backdrop in linear perspective, foreground staging area, and taxidermy to create effective realism, but then allows this illusion to collide with the contextual realism of the scene presented.[42] A large wooden shipping crate on wheels, like the ones used for transporting goods or works of art,[43] stands alone in the room and can be peered into from one side. Inside, the viewer can see garbage and man-made pollution, as well as animals that live in it and feed on it. The selection of objects and their composition tell a different story than that of the idealized image of nature produced and conveyed by the usual habitat diorama. This is a dystopian realism that takes our eyes where we would rather not look. Dion alludes to non-human networks and ecosystems in which we are thoroughly entangled but which we culturally deny.[44] This type of human interference, which attests to our reckless and thoughtless treatment of nature, leads to decay and destruction. At the same time, the ability of some animals to adapt to catastrophic conditions reveals the ecological consequences that characterize the Anthropocene age.[45] Decay is also driven by insects, which in turn have no place in the habitat dioramas found in natural history museums. Indeed, major conservation efforts are made to keep insects away from the animal specimens, as they would attack and decompose them.[46] Dion thus subverts the notions generated by habitat dioramas while challenging our treatment of nature and our relationship to it.

Isa Genzken likewise uses everyday objects and consumer goods, along with disposable items such as plastic cups, toy figures, and other waste, in the dioramic sculptures in her series *Empire/Vampire* (2003–2004). These objects loom larger than life in miniature scenes of post-apocalyptic devastation and chaos, which are presented on a pedestal rather than framed by display cases. Here the focus is not on animal specimens or nature but on small plastic toy figures and the construction and deconstruction of our environment.

The artistic engagement with dioramas includes a wide range of approaches in terms of both content and execution.[47] Constellations in space, variations in scale, materials, and media as essential elements of design are carefully selected to convey certain meanings. The model character of dioramas opens up a broad field of creative experimentation, with selection and composition suggesting new ways of thinking. The diorama becomes a working model that visualizes the imagined possibilities. Models are a means for enabling "the unreal, the potential, the desirable, and other aspects of the category of being to become manifest"[48] outside of language, and thus correspond to the syntactic category of the subjunctive. Elevated to the realm of possibility, dioramas open up almost unlimited avenues of thought in which drafts of counter-worlds, of dystopian and utopian future scenarios can be visualized. The coexistence and juxtaposition of objects, background, and space propose images and associations that spark viewers' further reflections. Used as an artistic medium, the diorama becomes the formulation of a three-dimensional form of possibility.

1 On the history of dioramas and panoramas see: Stephan Oettermann: *Das Panorama. Die Geschichte eines Massenmediums* (Frankfurt am Main, 1980); Bernard Comment: *Das Panorama. Die Geschichte einer vergessenen Kunst* (Berlin, 2000); Erkki Huhtamo: *Illusions in motion. Media archaeology of the moving panorama and related spectacles* (Cambridge, MA/London, 2013); on the development of museum dioramas see: Alexander Gall: "Auf dem langen Weg ins Museum. Dioramen als kommerzielle Spektakel und Medien der Wissensvermittlung im langen 19. Jahrhundert," in Alexander Gall and Helmuth Trischler: *Szenerien und Illusion. Geschichte, Varianten und Potenziale von Museumsdioramen* (Göttingen, 2016), 27–106.   **2** Cf. Giovanni Aloi: *Speculative Taxidermy: Natural History, Animal Surface, and Art in the Anthropocene* (New York, 2018), 113–114.   **3** Anke te Heesen: *Theorien des Museums* (Hamburg, 2012), 68.   **4** Cf. Krzysztof Pomian: *Der Ursprung des Museums. Vom Sammeln* (Berlin, 1988), 13–14.   **5** Cf. Karen Wonders: *Habitat Dioramas: Illusions of Wilderness in Museums of Natural History* (Uppsala, 1993), 106–107; Karen A. Rader and Victoria E. M. Cain: *Life on Display: Revolutionizing U.S. Museums of Science and Natural History in the Twentieth Century* (Chicago, 2014), 47–50.   **6** Cf. Marjorie Schwarzer and Mary Jo Sutton: *The Diorama Dilemma: A Literature Review and Analysis*, 2009, 9, https://www.academia.edu/6727013/The_Diorama_Dilemma_A_Literature_Review_and_Analysis_MS_and_MJS_The_Diorama_Dilemma_A_Literature_Review_and_Analysis (January 29, 2021).   **7** Alexander Gall and Helmuth Trischler: "Museumsdioramen: Geschichte, Varianten und Potenziale im Überblick," in Gall/Trischler 2016 (see note 1), 9–26, here 9.   **8** Cf. Annette Scheersoi: "Dioramen als Bildungsmedien," in Gall/Trischler 2016 (see note 1), 319–333, here 322–323; Gall/Trischler 2016 (see note 7), 23.   **9** Stephen Christopher Quinn: *Windows on Nature: The Great Habitat Dioramas of the American Museum of Natural History* (New York, 2006), 8.   **10** Cf. Wonders 1993 (see note 5), 126; Rader/Cain 2014 (see note 5), 62–64.   **11** Cf. Aloi 2018 (see note 2), 107.   **12** Cf. Wonders 1993 (see note 5), 148.   **13** Cf. Susanne Köstering: *Natur zum Anschauen. Das Naturkundemuseum des deutschen Kaiserreichs 1871–1914* (Cologne, 2003); Samuel J.M.M. Alberti and Christopher Whitehead (eds.): "Constructing Nature behind the Glass," *Museum and Society* 6 (2008), Special Issue, https://journals.le.ac.uk/cjs1/index.php/mas/issue/view/34 (March 15, 2021).   **14** Cf. Schwarzer/Sutton 2009 (see note 6), 7. With his *Muskrat Diorama* (1889) at the Milwaukee Public Museum, Carl Akeley created the first habitat diorama used as a form of presentation in a natural history museum. Cf. Quinn 2006 (see note 9), 15.   **15** Cf. Donna Haraway: "Teddy Bear Patriarchy: Taxidermy in the Garden of Eden, New York City, 1908–1936," in Haraway: *The Haraway Reader* (New York, 2004), 151–198, here 163–164.   **16** Cf. ibid., 157.   **17** Cf. ibid., 156.   **18** First published in the journal *Social Text* 11 (Winter 1984/85), 20–64.   **19** Cf. ibid., 152.   **20** Cf. Susanne Köstering: "Dioramen im Kontext," in *Natur im Museum* 5 (2015), 5–12, here 9.   **21** Cf. Haraway 2018 (see note 15), 156.   **22** Cf. Wonders 1993 (see note 5), 148.   **23** Johann Joachim Winckelmann: *Gedanken über die Nachahmung der griechischen Werke in der Malerei und Bildhauerkunst* (Dresden/Leipzig, 1756), 4.   **24** Ibid., 14.   **25** Cf. Regina Wonisch: "Schnittstelle Ethnographie. Ein Rundgang durch das Naturhistorische Museum Wien," in Belinda Kazeem, Charlotte Martinz-Turek, and Nora Sternfeld: *Das Unbehagen im Museum. Postkoloniale Museologien* (Vienna, 2009), 217–232, here 229; Roswitha Muttenthaler and Regina Wonisch: *Gesten des Zeigens. Zur Repräsentation von Gender und Race in Ausstellungen* (Bielefeld, 2006), 82.   **26** Cf. Aloi 2018 (see note 2), 124–125.   **27** Umberto Eco: *Travels in Hyperreality. Essays* (San Diego, CA, 1986).   **28** Ibid., 7.   **29** Cf. ibid., 101.   **30** Bernd Mahr: "Ein Modell des Modellseins. Ein Beitrag zur Aufklärung des Modellbegriffs," in Ulrich Dirks and Eberhard Knobloch (eds.): *Modelle* (Frankfurt am Main/Vienna, 2008), 187–218, here 191.   **31** Bernd Mahr: "Modellieren. Beobachtungen und Gedanken zur Geschichte des Modellbegriffs," in Sybille Krämer (ed.): *Bild, Schrift, Zahl* (Munich, 2003), 59–85, here 77.   **32** Ibid., 77–78.   **33** Cf. ibid. and Terry Quatrani: *Visual Modeling with Rational Rose 2000 and UML*, eBook, 2000, 13–14, https://web4study.net/book/visual-modeling-with-rational-rose-2000-and-uml-by-terry-quatrani/ (March 16, 2021).   **34** Cf. Lina Maria Stahl: "Zell-Modell und Modell-Zelle. Mikroskopische Bildgebung als Vorgang der Modellierung," in Friedrich Balke, Bernhard Siegert, and Joseph Vogl (eds.): *Modelle und Modellierung* (Paderborn, 2014), 47–55, here 52.   **35** Balke/Siegert/Vogl 2014 (see note 34), 7.   **36** At the American Museum of Natural History, the habitat dioramas are meant to speak entirely for themselves, so that captions are scaled back to avoid competing with the impression they make, and reflections in the glass are also avoided so as to block out the surroundings as much as possible. Cf. Quinn 2006 (see note 9), 19, and Petra Lange-Berndt: *Animal Art. Präparierte Tiere in der Kunst 1850–2000* (Munich, 2009), 77.   **37** These questions are posed in institution-critical approaches that also examine the role of museums, particularly in education. Cf. Beatrice Jaschke, Charlotte Martinz-Turek, and Nora Sternfeld (eds.): *Wer spricht? Autorität und Autorschaft in Ausstellungen* (Vienna, 2005).   **38** Cf. Michael R. Taylor: *Marcel Duchamp: Étant donnés* (Philadelphia, 2009).   **39** Cf. Aloi 2018 (see note 2), 105.   **40** Cf. http://www.aloiskronschlaeger.com/index.php?/sitespecific/habitat/ (March 25, 2021) and https://aloiskronschlaeger.wordpress.com/tag/habitat-2/ (March 25, 2021).   **41** Cf. Lange-Berndt 2009 (see note 36), 77.   **42** Cf. Aloi 2018 (see note 2), 105.   **43** Cf. Lange-Berndt 2009 (see note 36), 161.   **44** Cf. Aloi 2018 (see note 2), 105.   **45** Cf. ibid., 106–107.   **46** Cf. Lange-Berndt 2009 (see note 36), 171.   **47** Cf. also the exhibition catalogues: Katharina Dohm, Claire Garnier, Laurent Le Bon, Florence Ostende (eds.): *Diorama: Inventing Illusion*, Schirn Kunsthalle, Frankfurt am Main (Cologne, 2017); David Revere McFadden: *Otherworldly: Optical Delusions and Small Realities*, Museum of Arts and Design, New York (New York, 2010).   **48** Bernd Mahr: "Das Mögliche im Modell und die Vermeidung der Fiktion," in Thomas Macho and Annette Wunschel (eds.): *Science & Fiction. Über Gedankenexperimente in Wissenschaft, Philosophie und Literatur* (Frankfurt am Main, 2004), 161–182, here 161.

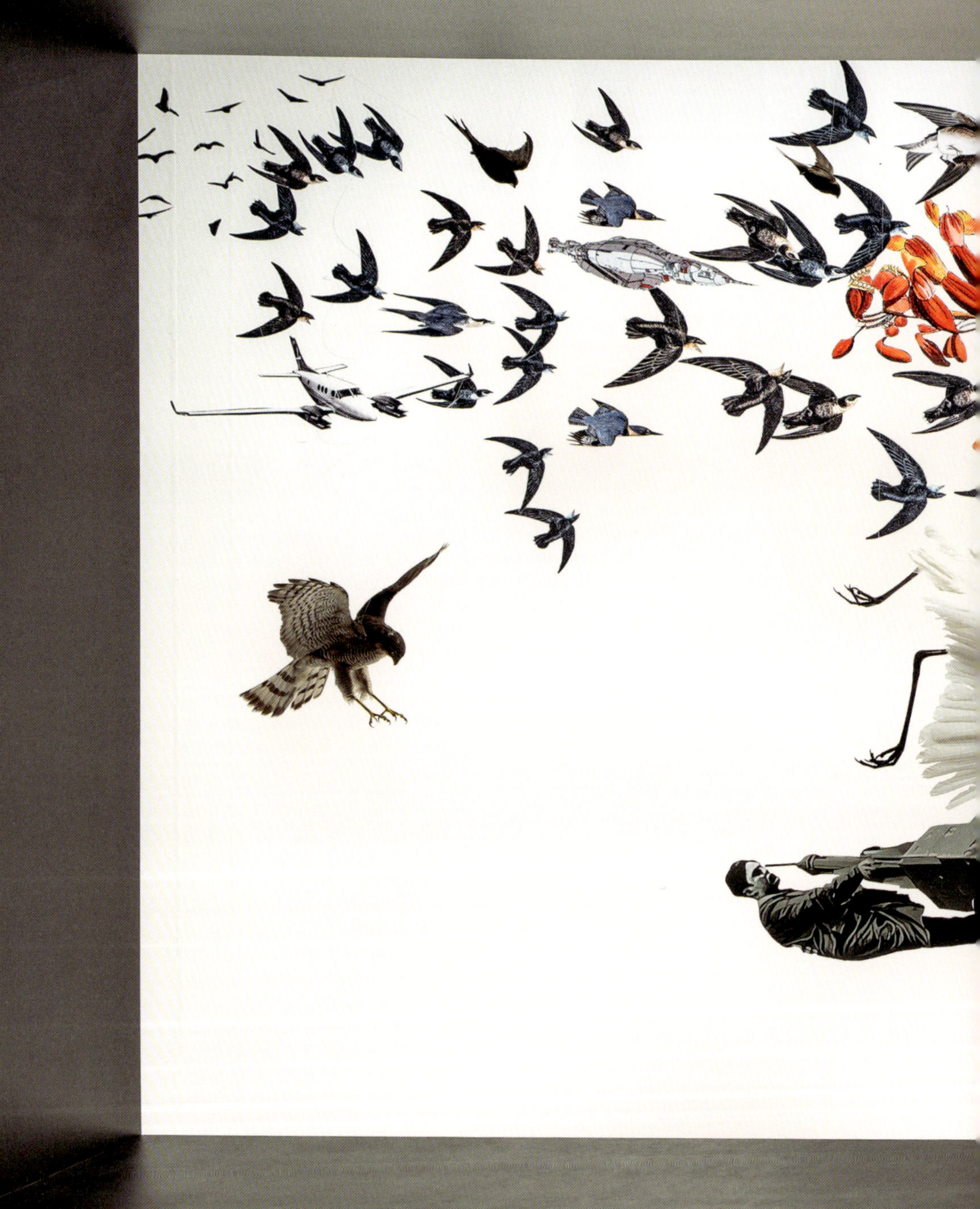

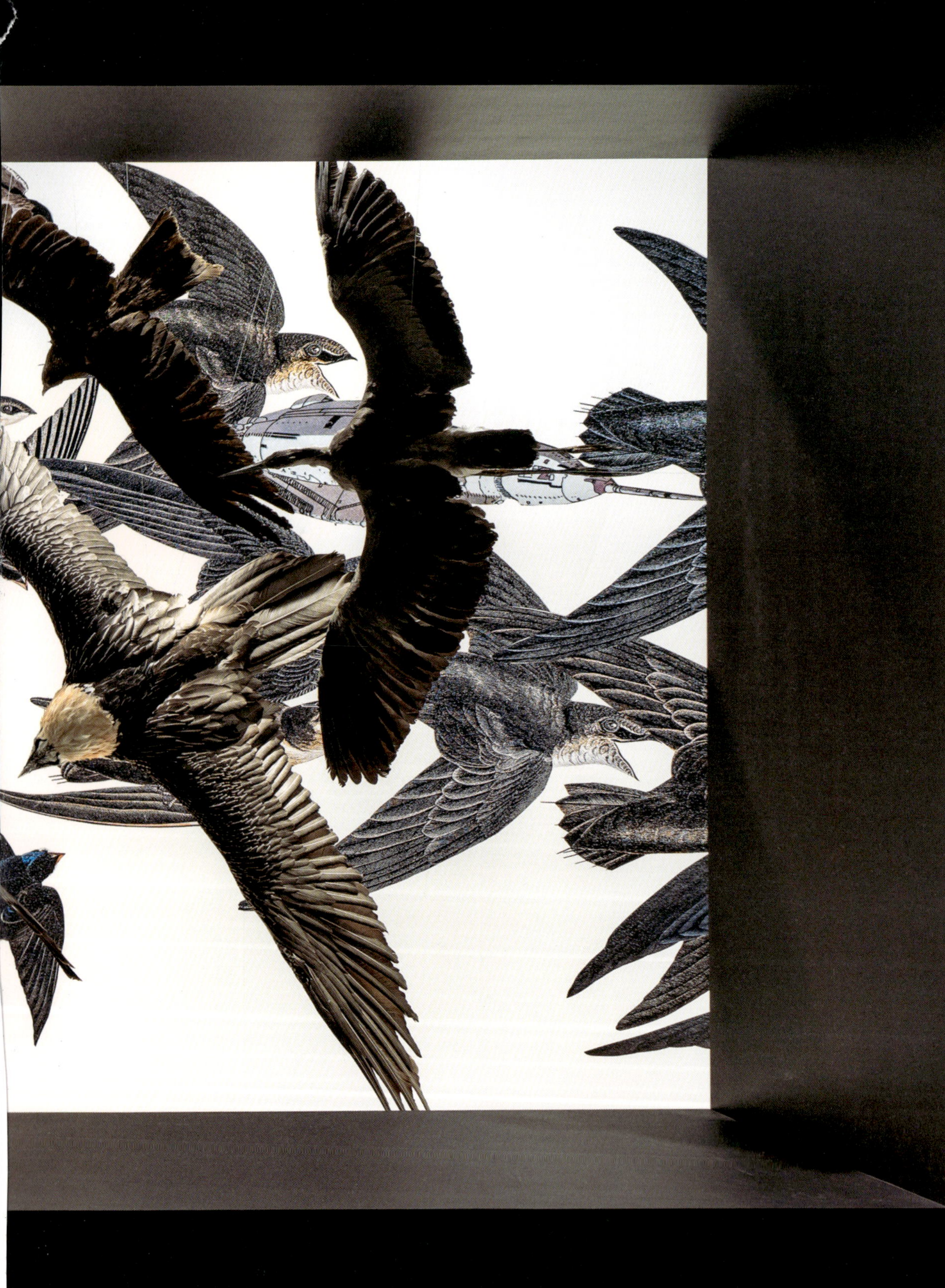

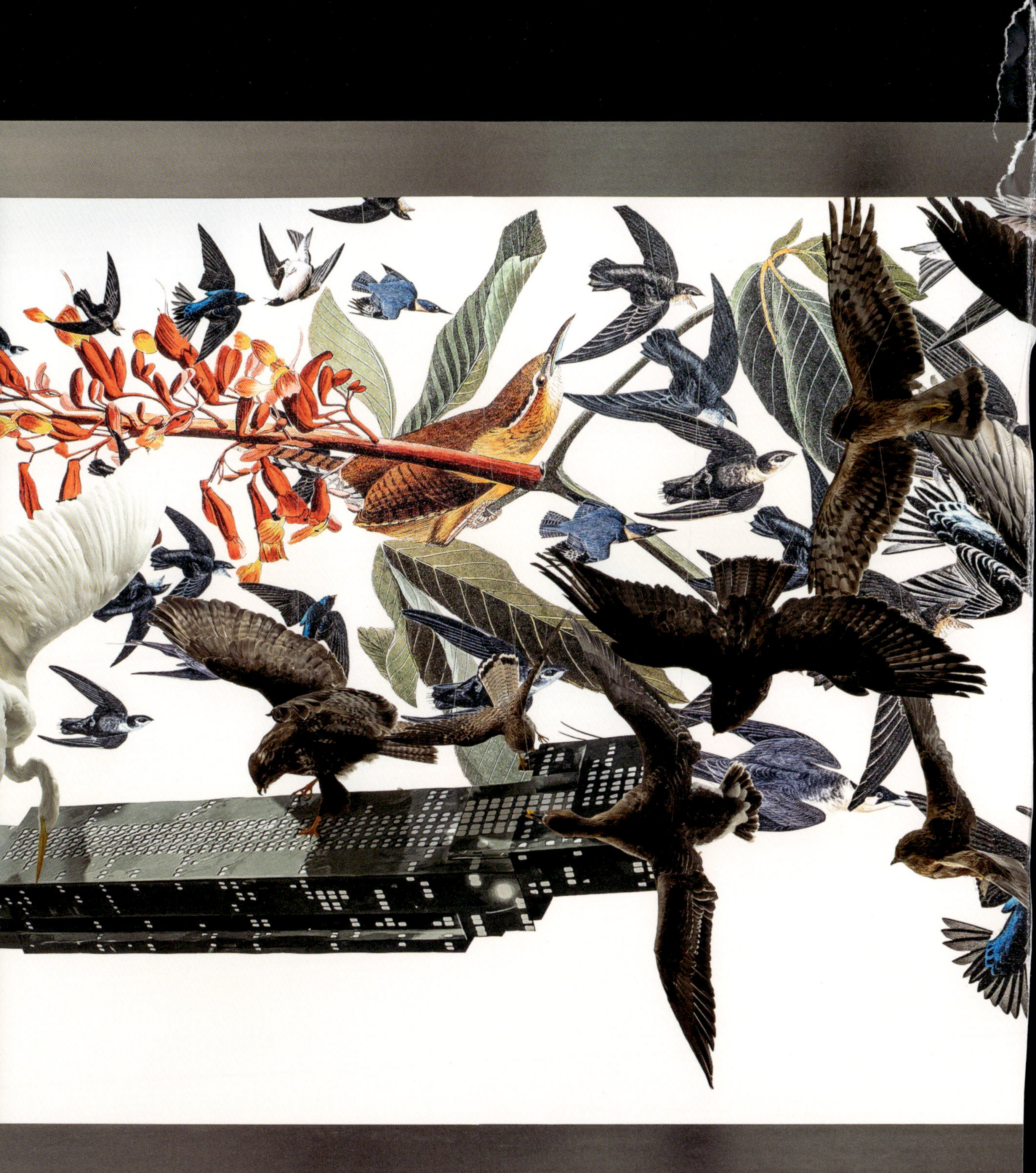

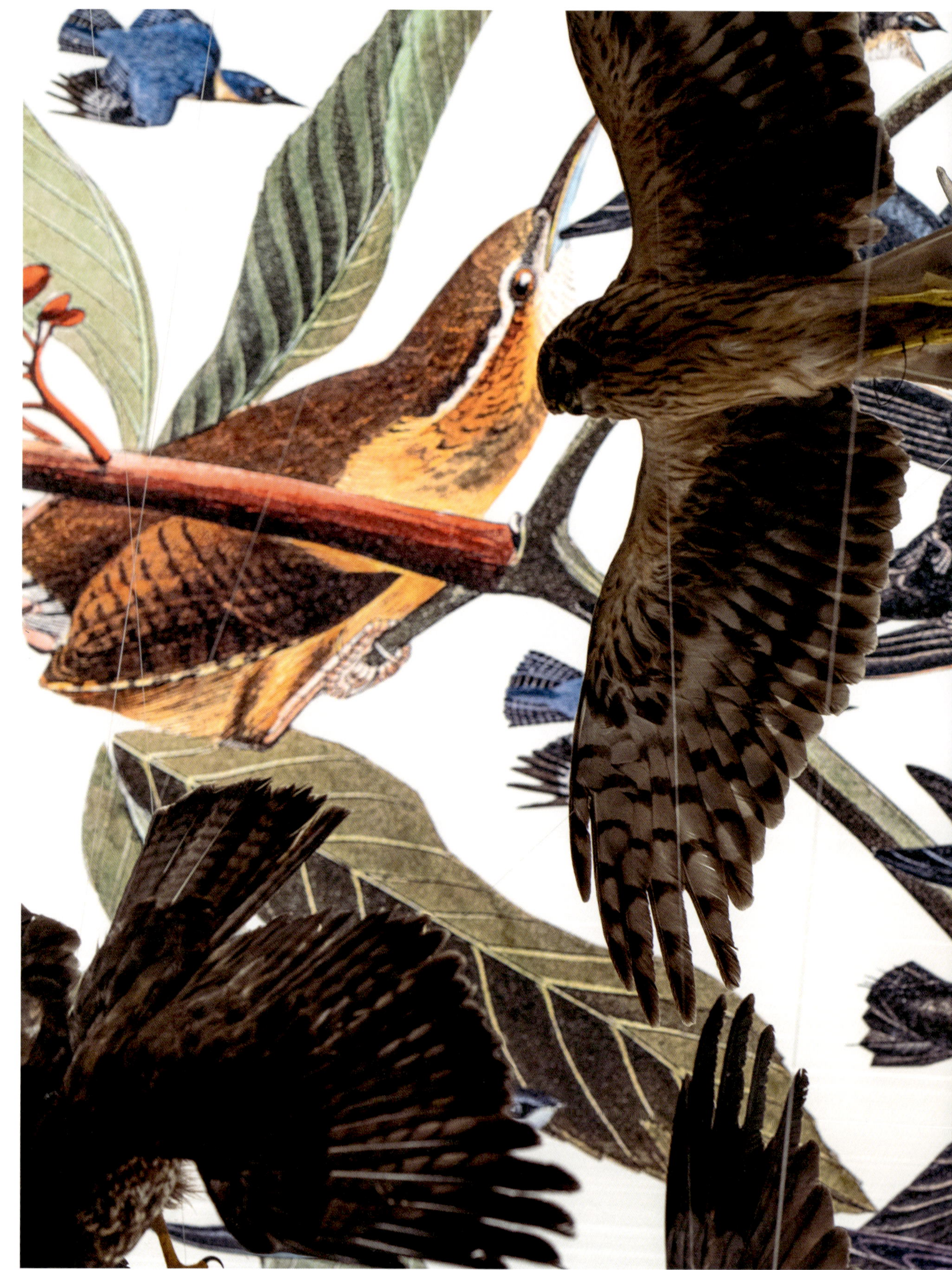

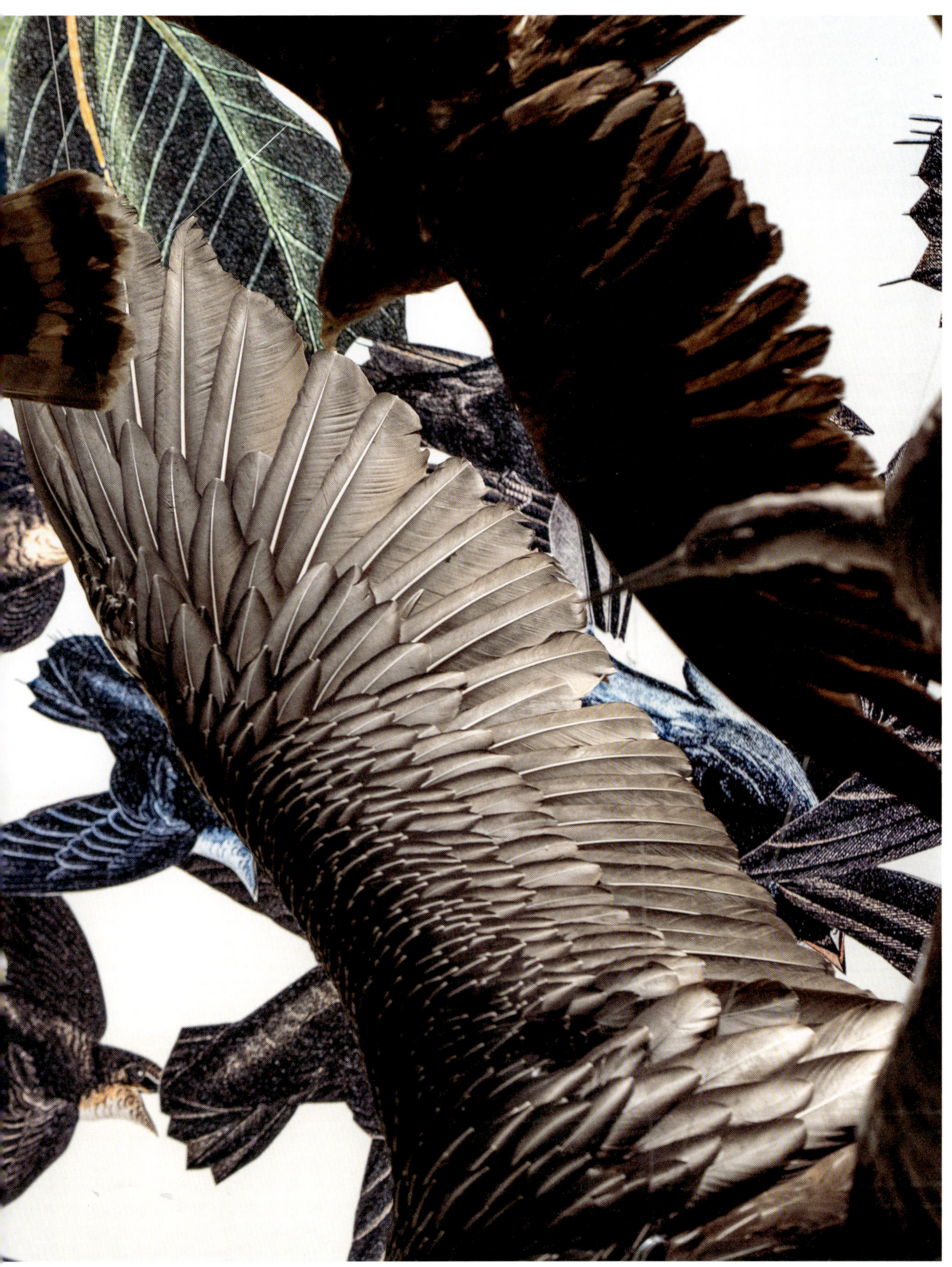

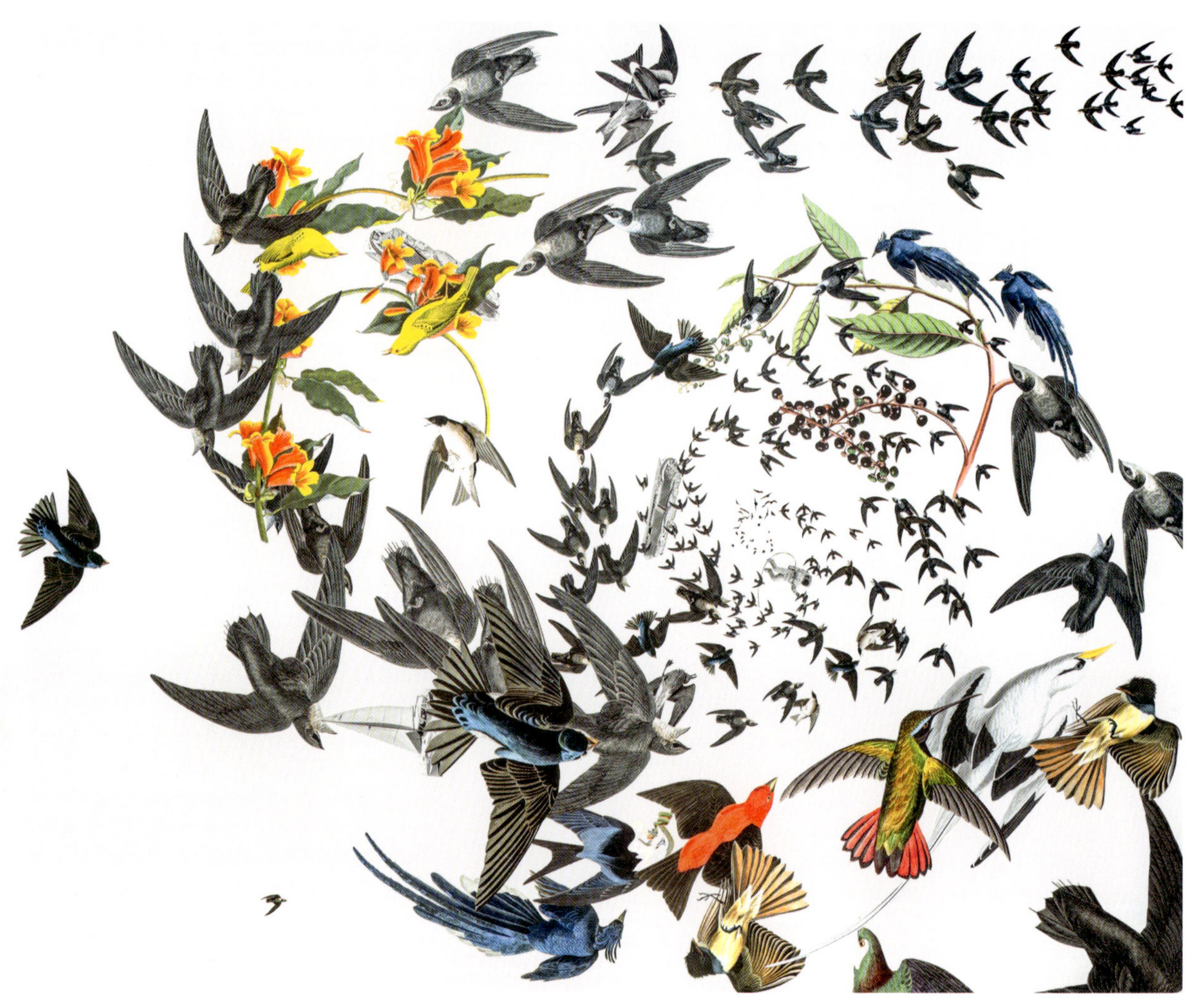

Up in the Air I

Papierschnitt auf Leinwand / papercut on canvas,
127 × 161 cm, 2021

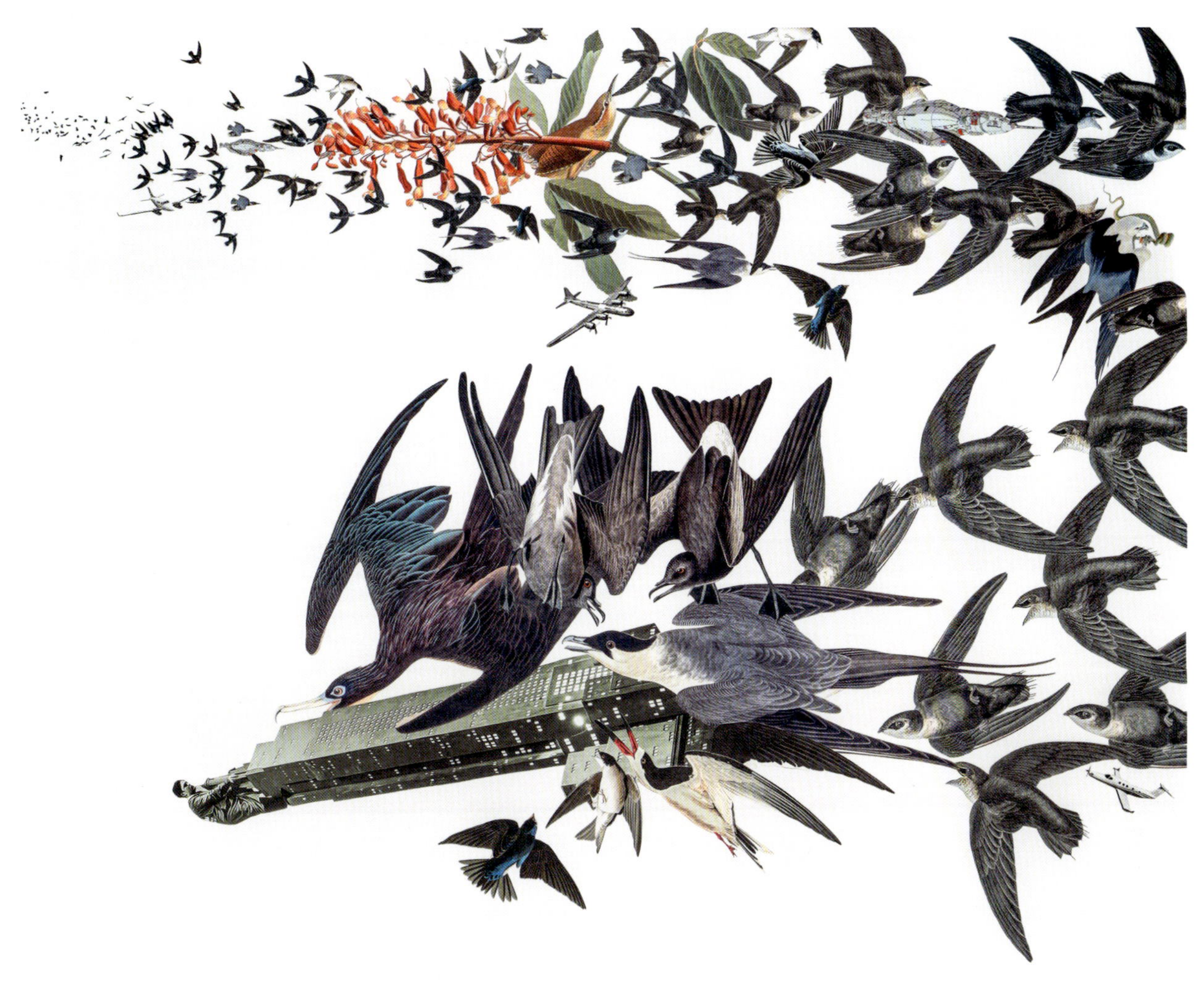

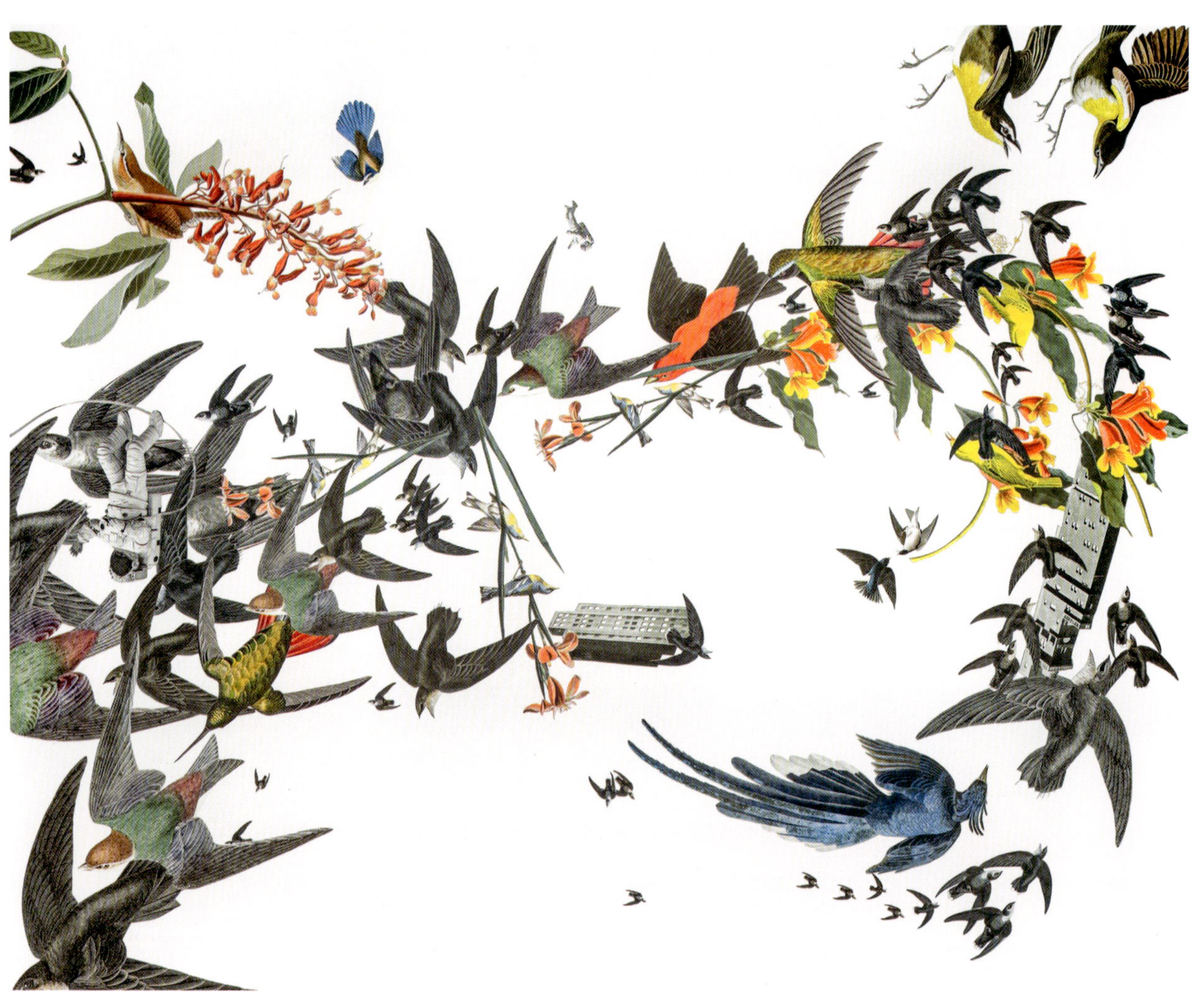

Michaela Seiser

STEINBRENER/
DEMPF & HUBER
Ein Porträt

Das 2005 gegründete Künstlerkollektiv, bestehend aus dem Bildhauer Christoph Steinbrener, dem Fotografen und Grafiker Rainer Dempf und dem Architekten Martin Huber, schafft Kunstwerke, die als Kommentar zu gesellschaftsrelevanten Themen verstanden werden wollen. Ihre Arbeiten sind meist aufwendige Interventionen und temporäre skulpturale Werke im öffentlichen Raum. Die Künstler erzeugen skurrile, komische, oft auch provokante Situationen, die ironisch einen Subtext transportieren. Dem zugrunde liegt die Überzeugung, dass Kunst eine Funktion hat, die über die kontemplative Betrachtung hinausgeht, dass die Auseinandersetzung mit „gesellschaftlichen Sachverhalten", wie es in ihrem Künstler-Statement heißt, die Grundlage für die ästhetische Produktion ist.

Exemplarisch für ihre Arbeitsweise ist ihr Projekt *Capricorn Two* [S. 97]. Im Sommer 2015 setzte das Trio dem alten Bismarck im Hamburger Elbpark die Hörner auf, indem es einen überlebensgroßen Steinbock auf dessen Kopf platzierte. Ihr Beitrag zum Hamburger Architektursommer wirkte wie eine Guerilla-Aktion zu Bismarcks 200. Geburtstag. Die Gruppe wollte mit ihrem Eingriff auf einen wiedererstarkten, deutschtümelnden Bismarck-Kult aufmerksam machen, motiviert durch die Mobilmachung von AfD und Pegida zum Jubiläum des Reichskanzlers und die beschlossene Sanierung des Denkmals um 13 Millionen Euro. Es bot sich ein diabolischer Anblick, wenn man das gehörnte Monument aus der Ferne sah. Die 1906 von Hamburger Bürger*innen initiierte und finanzierte Skulptur – mit 34 Metern Höhe die größte ihrer Art – zeigt den Fürsten als Ritter mit blankem Schwert, zur Elbe blickend. Zu seinen Füßen lagern die germanischen Volksstämme auf einem riesigen Sockel, der im Inneren ein – heute nicht mehr zugängliches – Gewölbe, ausstaffiert mit Hakenkreuz, Eichenlaub und Adler, birgt. Das Monument drohte jedoch aufgrund von Bombenschäden aus dem Zweiten Weltkrieg einzustürzen und zu dem zu werden, was es war, bevor das Material geformt und ideologisch aufgeladen wurde – ein Berg aus vielen Tonnen Granit: der natürliche Lebensraum des Alpensteinbocks. Er hatte sich das Terrain wiedererobert.

Capricorn Two gehört zu einer Serie von künstlerischen Eingriffen, die sich mit Personenkult und repräsentativen Monumentalplastiken auseinandersetzen, im Zuge derer Denkmäler in ihrer Bedeutung und ihre Einschreibung in urbane Strukturen unterwandert und neu interpretiert werden. Das Prinzip dieser „parasitären Interventionen", wie Christoph Steinbrener sie nennt, gleicht dem in der Biologie beschriebenen parasitären Verhalten von Organismen, die sich von anderen ernähren, ohne diese (sofort) zu töten. Bei Steinbrener/

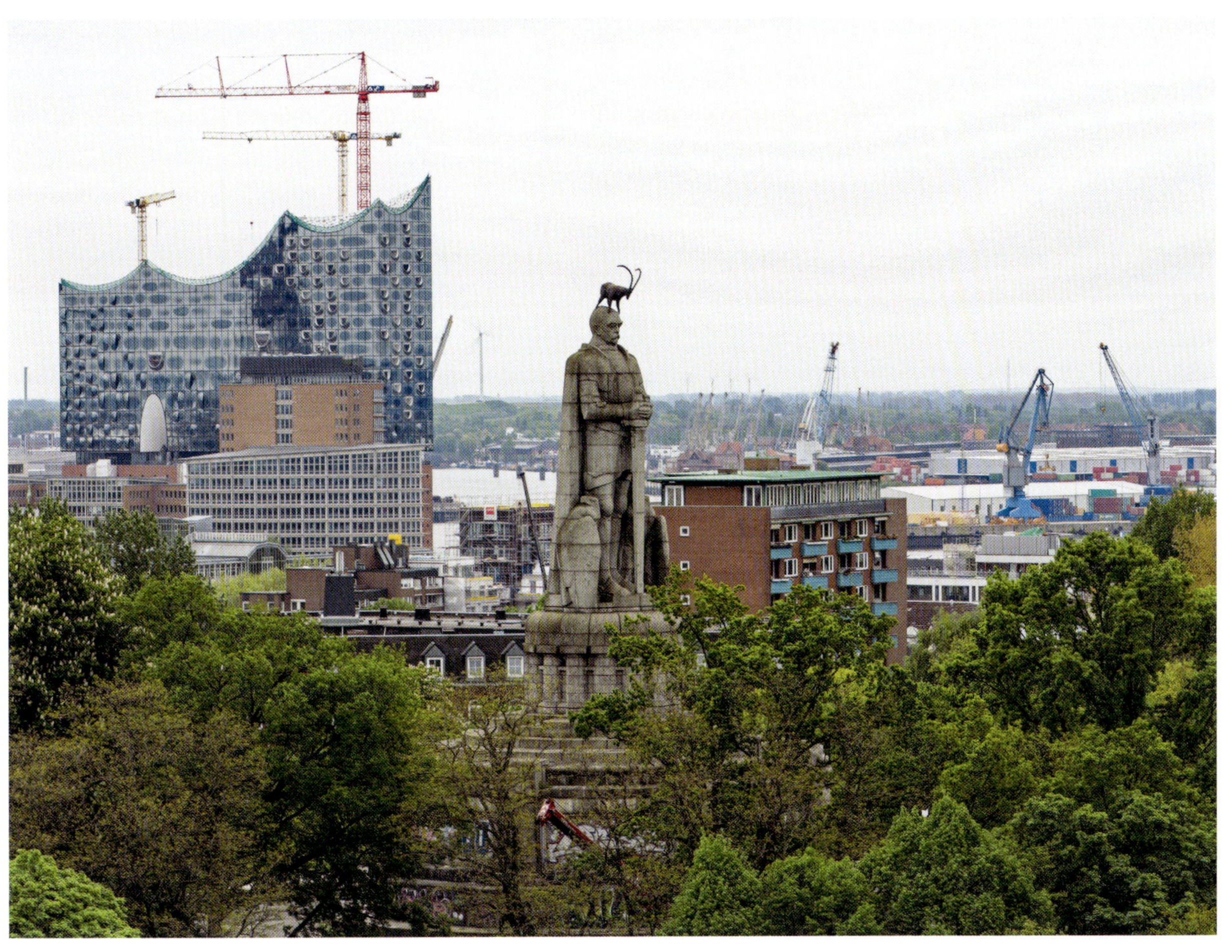

Dempf & Huber werden historischen Skulpturen Objekte aufgepfropft oder übergestülpt, welche sich durch ihre Träger erst mit Bedeutung aufladen und diese temporär zum Sockel degradieren. Das aufgesetzte Kunstwerk zwingt den/die Betrachter*in, gewohnte Interpretationen zu überdenken. Es macht sich das historische Kunstwerk gewaltsam untertan, verletzt die Integrität der dargestellten Person, diffamiert sie oder setzt sie in einen neuen Kontext, bevor es nach einigen Monaten wieder entfernt wird.

Das in oben genanntem Projekt verwendete parasitäre Objekt, der Steinbock, verweist auf ein anderes Thema, das in den Arbeiten von Steinbrener/Dempf & Huber immer wieder auftaucht: die Wiedereroberung urbaner Landschaft durch Flora und Fauna. Die 2014 im Auftrag der Bundesforste entstandene Arbeit *Der Durchbruch* zum Beispiel zeigt einen circa 20 Meter hohen Baum, der anscheinend spontan einen gepflasterten Weg in Schönbrunn durchbrochen hat. Eine außer Kontrolle geratene Natur eignet sich die Lebensräume an, aus der sie der Mensch eigentlich schon verbannt hat. Eine „symbolische Re-Naturalisierung" nennt es die Künstlergruppe, im Bewusstsein, dass die dargestellte Natur artifiziell ist. Dass nicht nur der Steinbock aus Kunststoff, sondern auch die Tierpräparate, die in der Ausstellung *Heaven Can Wait* und in einer Serie von Werken, die 2012 in Zusammenarbeit mit dem Naturhistorischen Museum Wien entstanden sind, eine zentrale Rolle spielen, nur ein Abbild von Natur sind. Ganz im Sinne der klassischen Genres werden die Präparate zur „Nature morte" oder zum Diorama, das wie im 19. Jahrhundert Tiere in ihrem inzwischen wieder exotisch gewordenen Habitat zeigt. Das eigentliche Thema ist also nicht die Re-Naturalisierung oder Verwilderung, sondern das Verschwinden, das Sterben der Natur. Das wurde auch in der 2009 unter dem Titel *Trouble in Paradise* [S. 10] realisierten Intervention im Zoo Schönbrunn deutlich. Eisenbahnschienen im Büffelgehege, ein Giftmüllfass im Aquarium, ein Autowrack im Tümpel des Nashorn-Areals und eine Ölpumpe bei den Pinguinen zerstörten die Idylle und konfrontierten die Besucher*innen mit der Realität.

Naturwissenschaftliche Bezüge und kritische Kommentare finden sich auch im Werk *Crazy Horse, eine disruptive Falle* [S. 101], das die Gruppe 2017 im Kunstraum Dornbirn realisierte. Charles Darwin hebt dort die Welt symbolisch aus den Angeln. Der junge Darwin steht beiläufig auf einem Seil, das eine monumentale Holzkonstruktion aus ihrer physikalischen Ruheposition hebt. Er trägt einen Stanford-Hoodie und steht für einen Wirtschaftsdarwinismus, der einem Geschäfts- und Wachstumsmodell zugrunde liegt, das unter dem Begriff

„Disruptive Innovation" Produkte beschreibt, die nach und nach die Konkurrenz vollständig ausschalten. Bekannt wurde diese kannibalistische Taktik durch Unternehmen wie Uber, Google oder Facebook, mit Konzerngründern, ausgebildet in Stanford, der Universität, die als „Inkubator für die Hervorbringung neuer Weltkonzerne steht"[1]. Die Arbeit beschäftigt sich also nicht nur mit einer naturwissenschaftlichen Theorie des 19. Jahrhunderts, welche die Biologie revolutionierte, sondern beschreibt eine gegenwärtig aus den Fugen geratene Wirtschafts- und Sozialstruktur.

Die vielschichtigen Bezüge und Themen, die Steinbrener/Dempf & Huber verarbeiten, kumulieren in den fünf Werkgruppen in der Ausstellung *Heaven Can Wait* unter der übergeordneten Fragestellung: Wie kann die Zukunft aussehen?

Die Werkgruppe *Tokyo Compression* [S.16–25] zeigt einen Steinbock, der aus seinem Habitat flüchtet, ergänzt durch Collagen, die sich ikonische Bilder der Tourismusindustrie vornehmen. Die Arbeiten beschäftigen sich mit der Unersättlichkeit einer Erlebniskultur, die immer größere Reize und spektakulärere Erfahrungen konsumieren will und mit Liften und Seilbahnen auch die letzten Winkel abgelegener Naturlandschaften erobert. Die Arbeit knüpft an das Projekt *Cliffhanger* an, das Steinbrener/Dempf & Huber im Frühling 2021 in den Steilwänden neben den Myrafällen im Naturpark Ötschergräben realisiert haben. Die Kulisse einer Touristeninformation mitten in der Felswand kommentiert eine Freizeitindustrie, die auf Kosten der Natur Gewinne maximiert.

One Size Fits All [S.38–47] katapultiert die Betrachter*innen ins Weltall, die Arbeit thematisiert die Zukunftsvisionen all derer, die den Mars als Lebensraum für den Menschen ins Visier nehmen. Zu sehen ist der Blick auf die Erde, kontaminiert mit Weltraumschrott und Objekten, die womöglich einem interplanetaren Umzugskarton entstammen. Das Werk thematisiert die fragwürdige Strategie des Anthropozäns, durch Industrialisierung und Technologie geschaffene Probleme mit noch mehr Technologie zu lösen.

Industrial Light and Magic [S.62–71] fokussiert auf ein weiteres Thema, das in den Arbeiten des Trios omnipräsent ist: die Traumfabrik Hollywood als Bild- und Ideenproduzent. Das Diorama zitiert den Film *I am Legend*, der bereits 2007 das Szenario einer Pandemie durchspielte. Hollywood verfilmte den gleichnamigen, 1954 entstandenen Science-Fiction-Roman von Richard Matheson bereits mehrmals (*The Last Man On Earth*, 1964; *The Omega Man*, 1972) und prägte damit unsere Vorstellung, lange bevor die Pandemie Realität wurde.

Die Werkgruppe *Up in the Air* [S. 84–92] zeigt einen Vogelschwarm, ebenfalls ein wiederkehrendes Sujet. Oft erscheinen Vögel in den Arbeiten von Steinbrener / Dempf & Huber in Szenen des aktiven Widerstands, des Angriffs gegen den Menschen und die von ihm errichteten Bauwerke. 2017 attackierte unter dem Titel *Critical Mass* [S. 7] ein Schwarm Buntspechte den Kunstraum Dornbirn, wobei die Vögel die Gebäudewand wie Dartpfeile perforierten. Im Diorama im Schlossmuseum trägt der Schwarm das Empire State Building, auf dessen Spitze sich ein Mensch befindet, davon. Die Natur schlägt zurück und bleibt nicht in der passiven Opferrolle, die ihr der Mensch oft zuschreibt.

Unsere Vorstellung der Natur zwischen Abenteuerspielplatz, Ressourcenlieferant und Schrebergarten persifliert das Diorama *Heaven Can Wait* [S. 104–117]. Es zeigt eine Arten und Gattungen übergreifende Tiergruppe aus verschiedenen Lebensräumen, teilweise Fressfeinde, versammelt unter dem Porträt eines Kängurus in einem biedermeierlichen Interieur. Harmlos posieren die wilden Tiere wie für ein Familienfoto und verkörpern den Wunsch des Menschen, Natur zu beherrschen, zu zähmen und zu konsumieren.

Die Dioramen in der Ausstellung werden von Scherenschnitten auf Leinwänden begleitet, welche die einzelnen Sujets variieren und ergänzen. Sie gehören zu der Gruppe der sogenannten *Studioarbeiten*: Fotoarbeiten, Collagen, Schaukästen und Minidioramen [S. 124], in denen die großen skulpturalen Werke weitergedacht und transformiert werden. Es ist nicht sofort klar, ob die Arbeiten als Skizzen vor der Umsetzung von Großprojekten im öffentlichen Raum oder im Museum entstanden sind oder danach die Ideen weiterentwickeln. So ist zum Beispiel der schwebende Stein, der ursprünglich 2015 als riesiger künstlicher Felsen unter dem Titel *To Be in Limbo* [S. 122] in der Jesuitenkirche in Wien installiert war, Teil verschiedener Collagen und Miniaturdioramen. In Fotomontagen schwebt er im Hauptbogen der Galleria Vittorio Emanuele II in Mailand oder unter der London Bridge, oder er ist offenkundig außerirdisches Forschungsobjekt im NASA Space Center im Houston der 1960er-Jahre. Auch in einer der Collagen der rezenten Werkgruppe *Tokyo Compression* taucht er als Kontrapunkt zum vervielfachten Zuckerhut in einer Ansicht von Rio auf, oder er schwebt wir ein Raumschiff im Monument Valley. Eine ganze Serie von Werken setzt sich mit historischen Monumenten auseinander, darunter eine kleine Gipsbüste von Bismarck mit Steinbock, die direkt aus dem Devotionalienladen stammen könnte.

Die Studioarbeiten ermöglichen den Künstlern im Gegensatz zu den minutiös zu planenden Abläufen bei Arbeiten für den öffentlichen

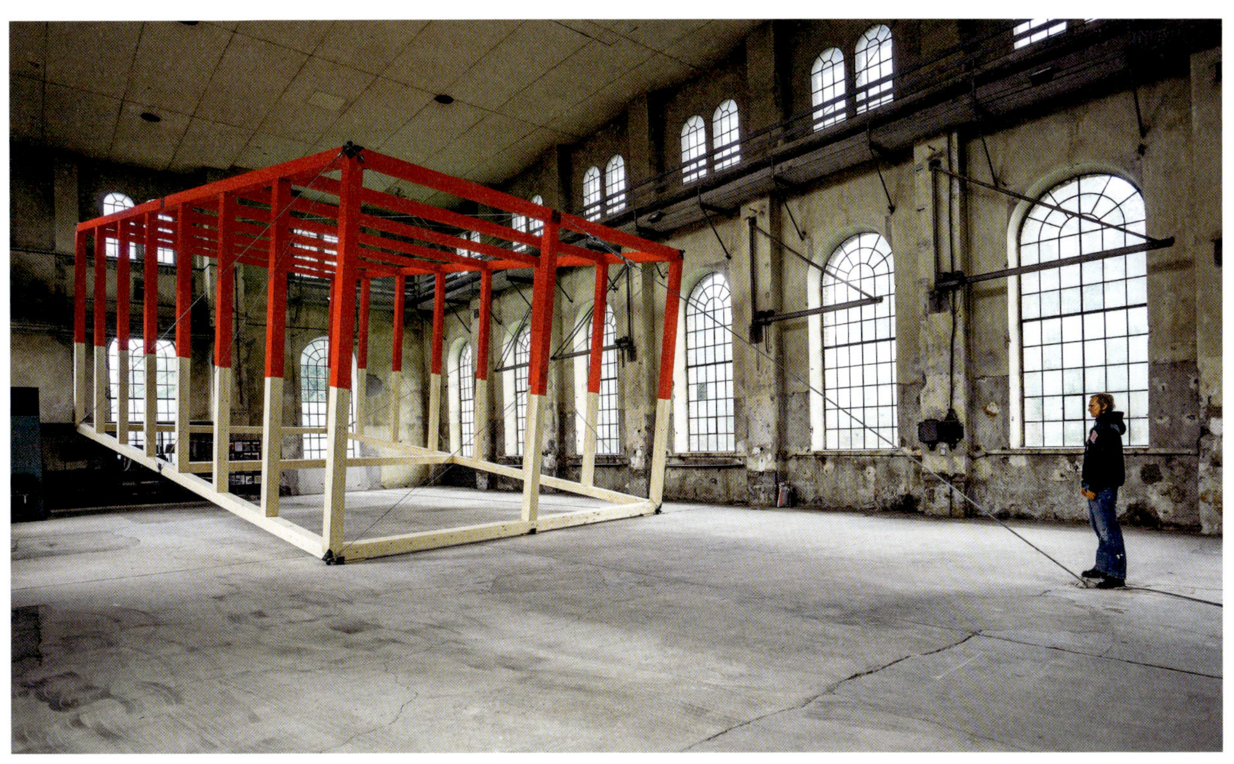

Raum ein freieres Herangehen. Der experimentelle Zugang ist charakteristisch für diese Werke, die auch als dreidimensionale Entwürfe und Ideenskizzen gelesen werden können. Die Künstler komponieren Sujets aus historischen Publikationen, Kopien wissenschaftlicher oder kultureller Bildwerke und Reproduktionen ihrer eigenen Arbeiten zu filigranen Collagen und Miniaturdioramen, indem sie diese ausschneiden, übereinanderschichten, ineinander montieren und kleben. Assoziativ arrangieren sie Motive und Formen mit verschiedenen Größenverhältnissen und Volumen zu surrealistischen Räumen. Daraus resultieren Überlagerungen nicht nur auf der räumlichen, sondern auch auf der Bedeutungsebene. Die Arbeiten wirken anekdotisch, humorvoll und spielerisch. Sie sind Konversationsstücke im übertragenen Sinn, die das Gespräch und den künstlerischen Austausch zwischen dem Bildhauer, dem Fotografen und dem Architekten visualisieren. Die Werke geben Einblick in eine Methode der Bildfindung, die auf Recherche und dem Abarbeiten von Ideen durch die permanente Neuordnung und Erweiterung sich wiederholender Grundmotive in verschiedenen Raumsituationen beruht, wobei jeder der drei Künstler sein Handwerk einbringt. So entstehen einerseits vielschichtige Kunstwerke, andererseits wird durch die Methode des Durchdeklinierens wiederkehrender Sujets, inhaltlich und formal, eine Essenz herausgearbeitet, welche die Grundlage für Steinbrener / Dempf & Hubers pointierte großformatige Installationen bildet.

1 Fahim Amir: „You need a weatherbird to know which way the wind blows", in: Ausst.-Kat. *Steinbrener/Dempf & Huber. Arbeiten 2007–2017*, hg. v. Kunstraum Dornbirn, Wien 2017, 39–40.

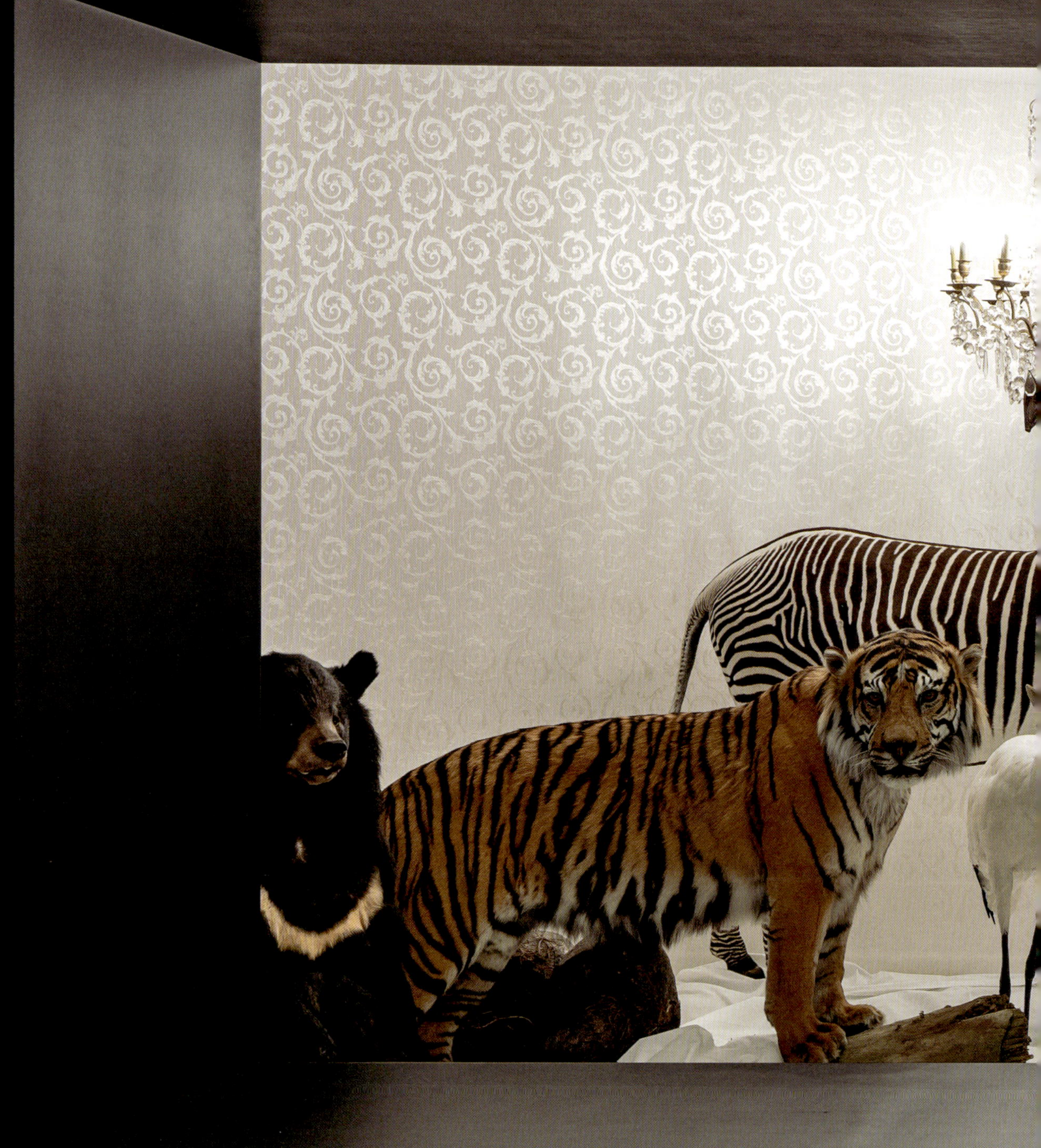

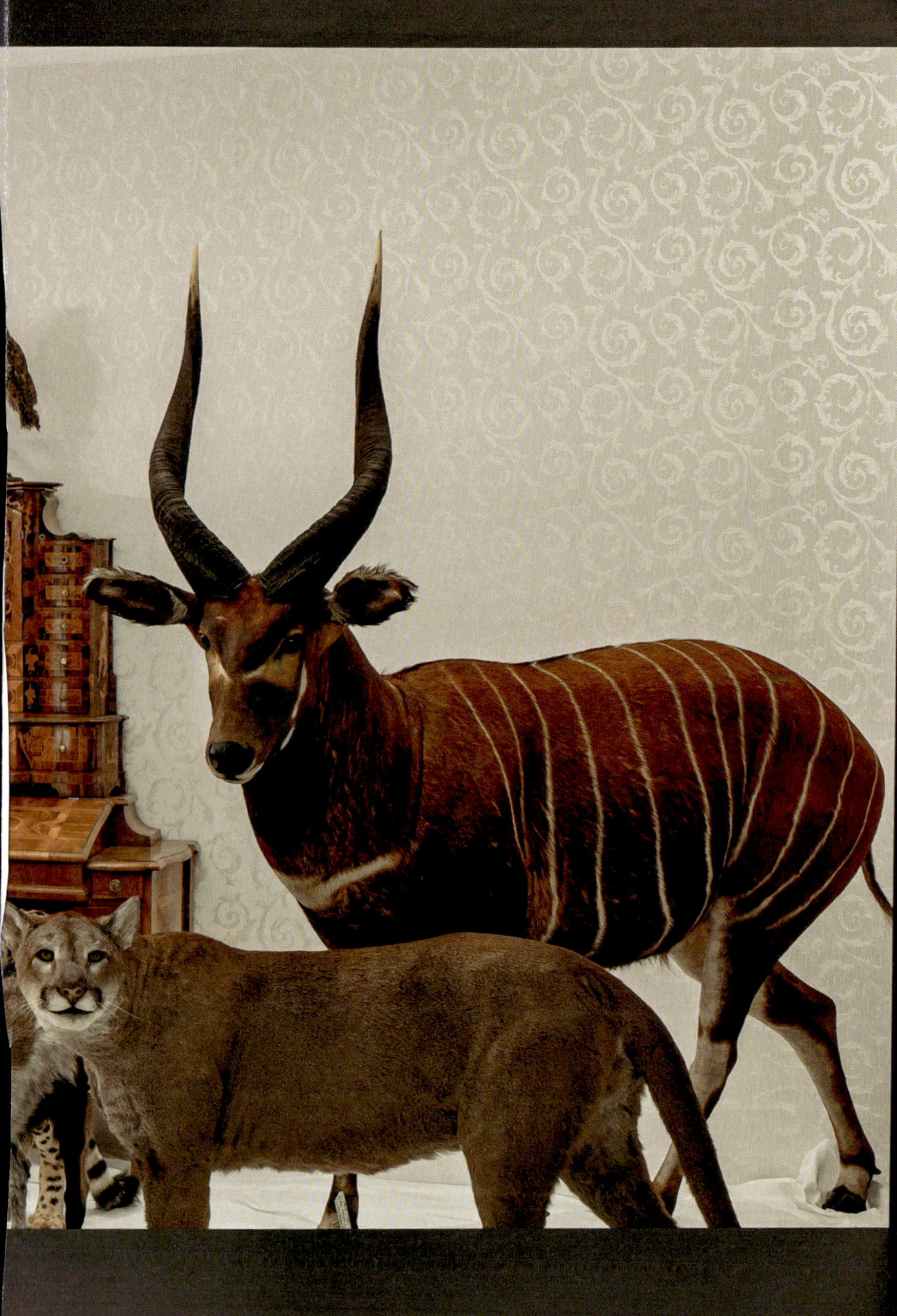

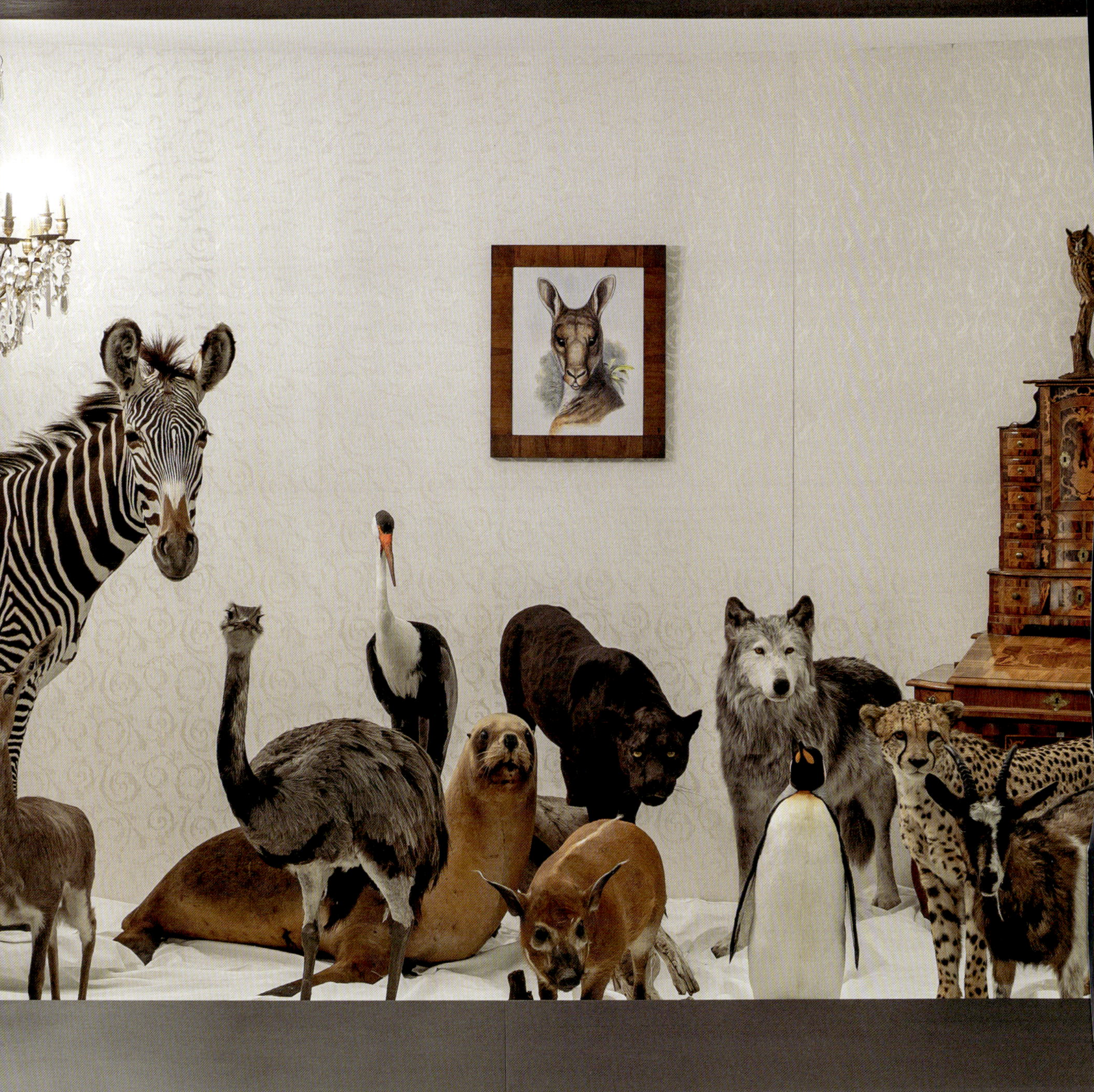

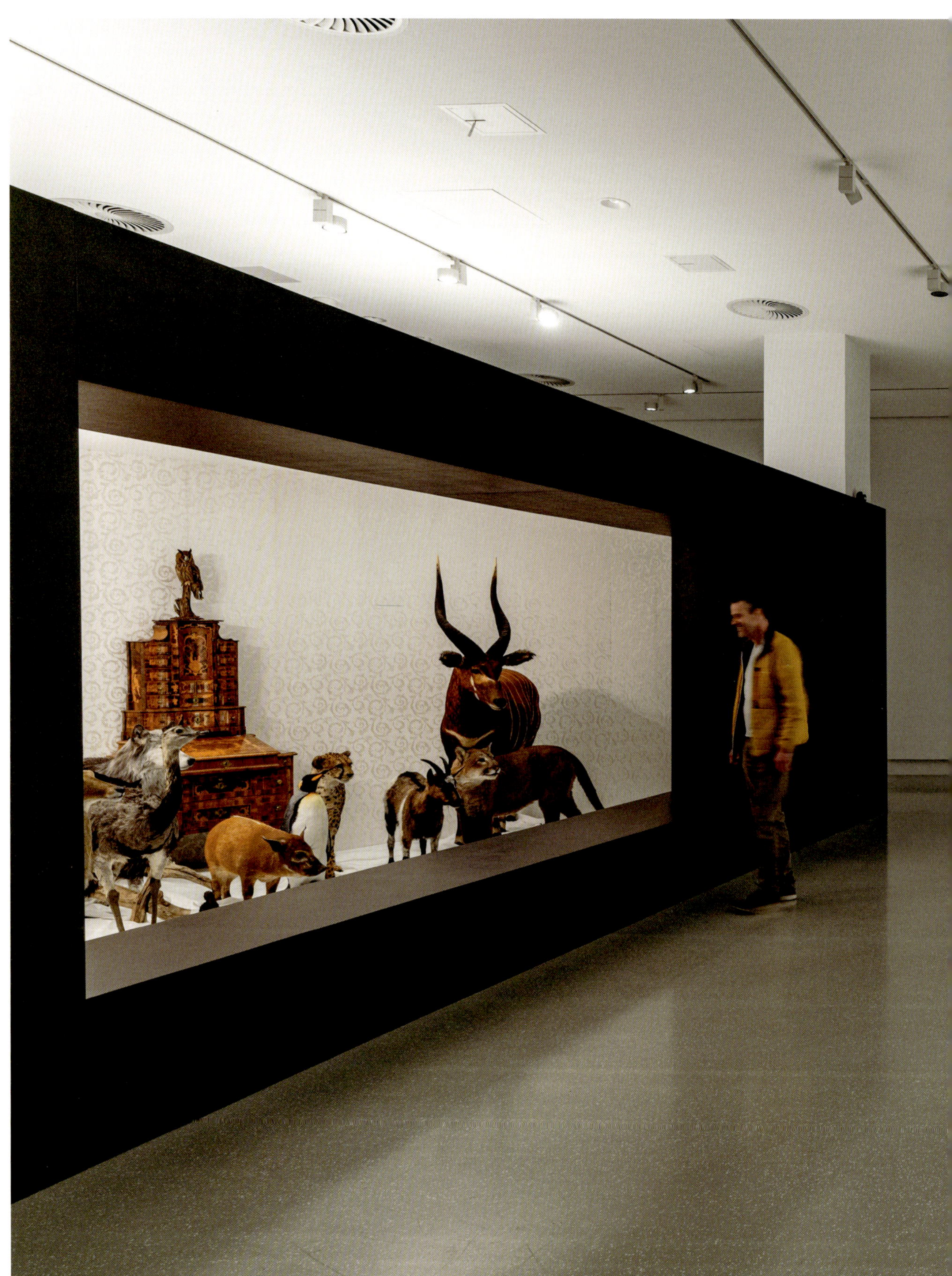

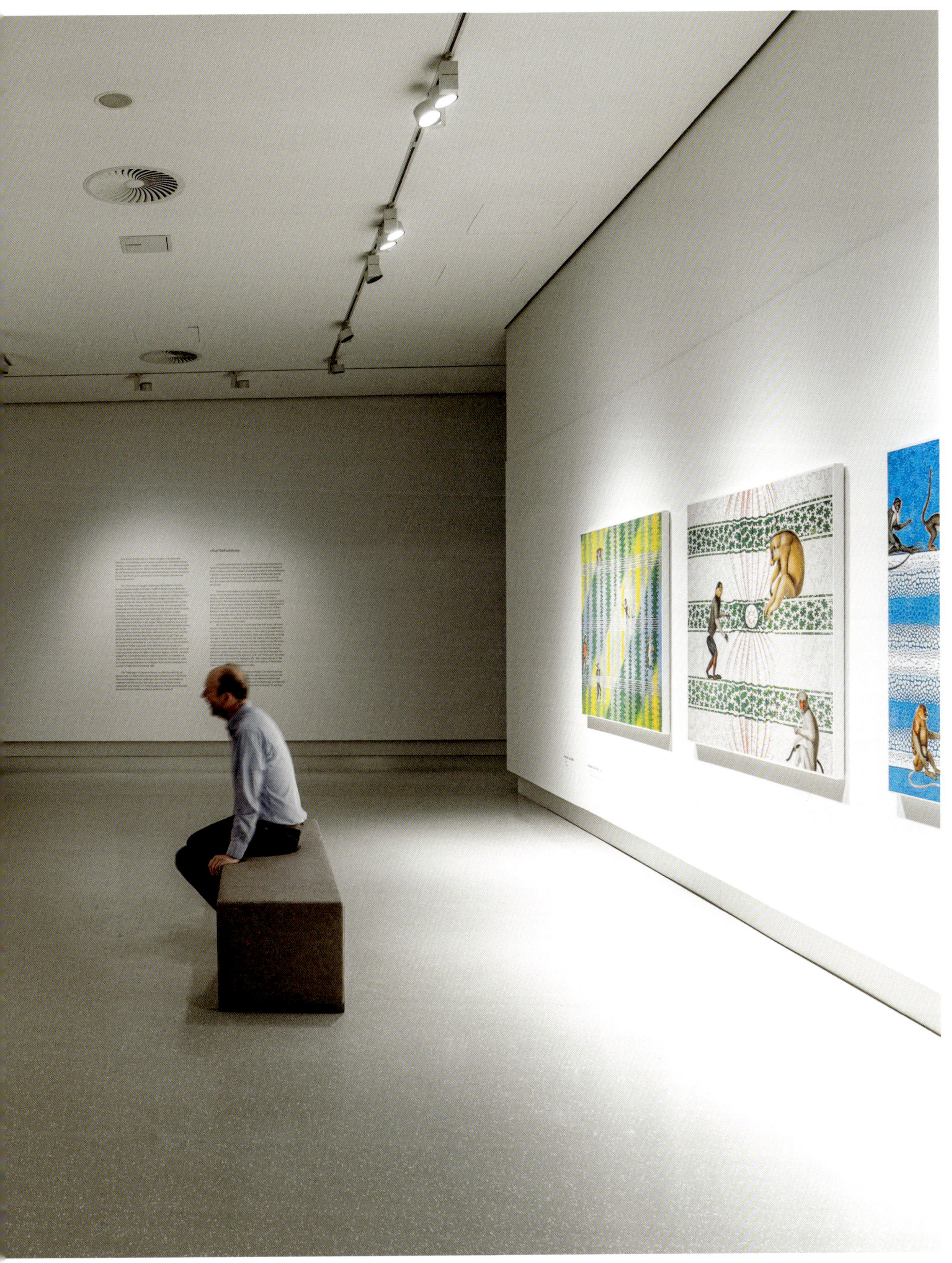

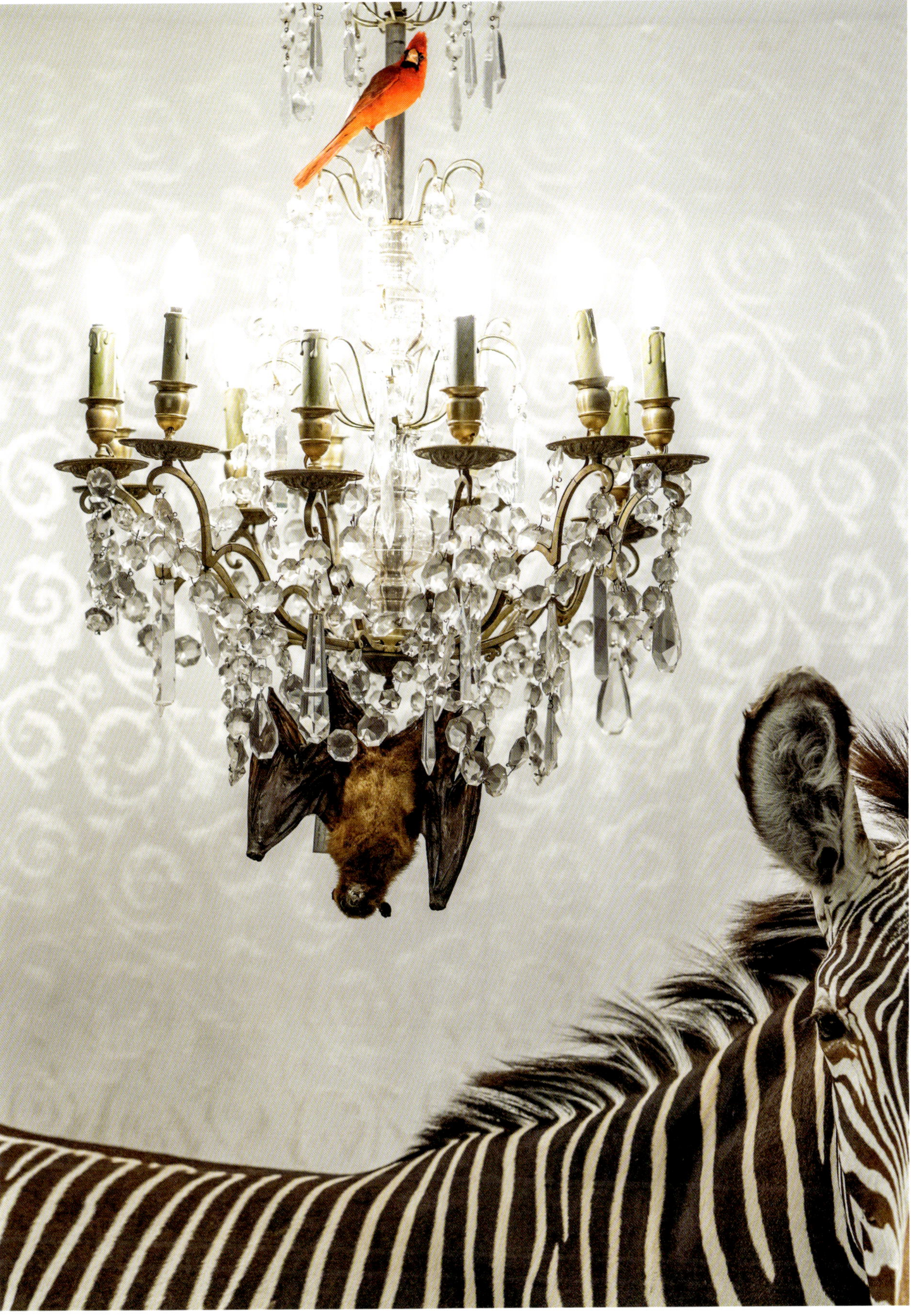

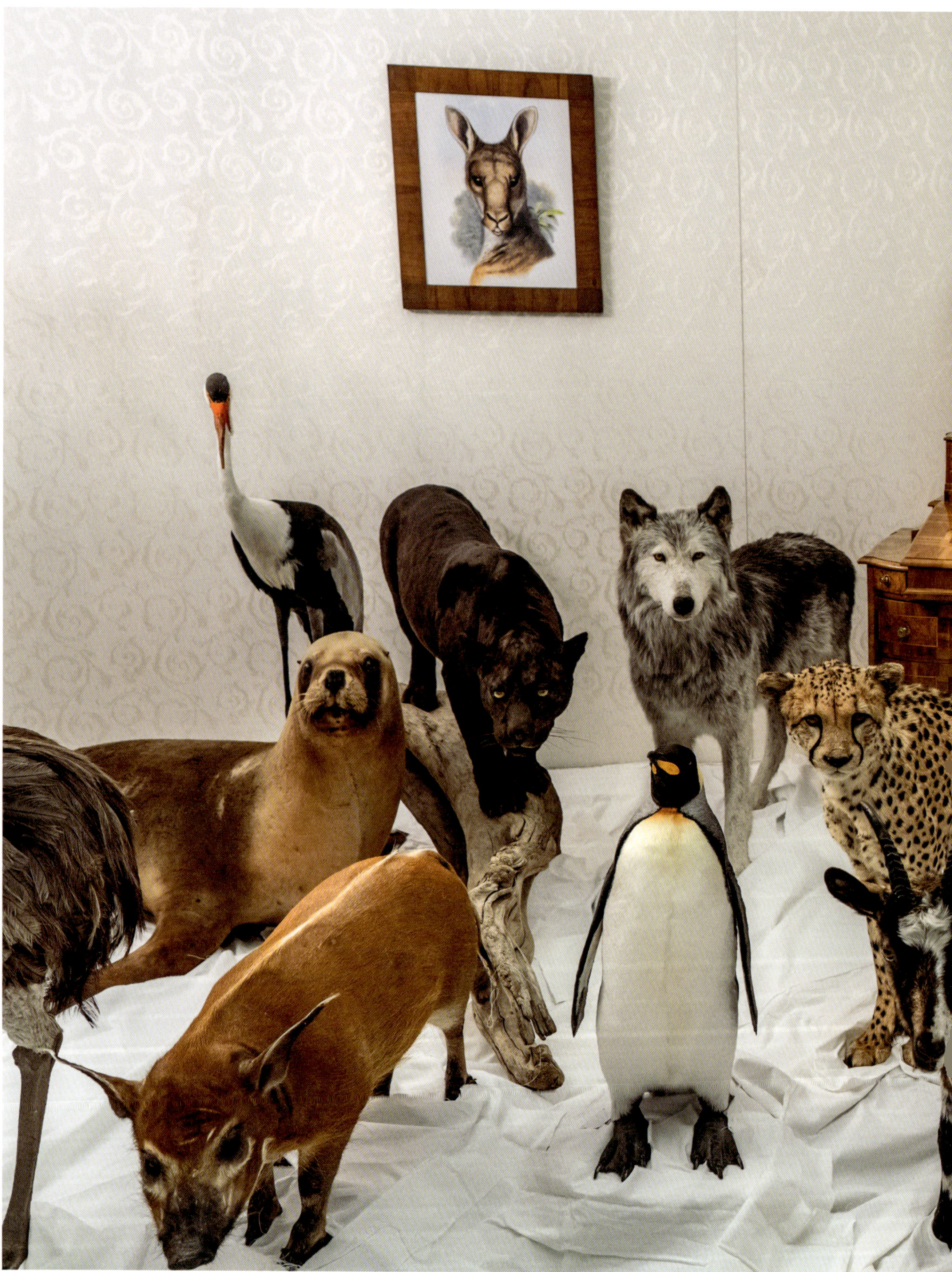

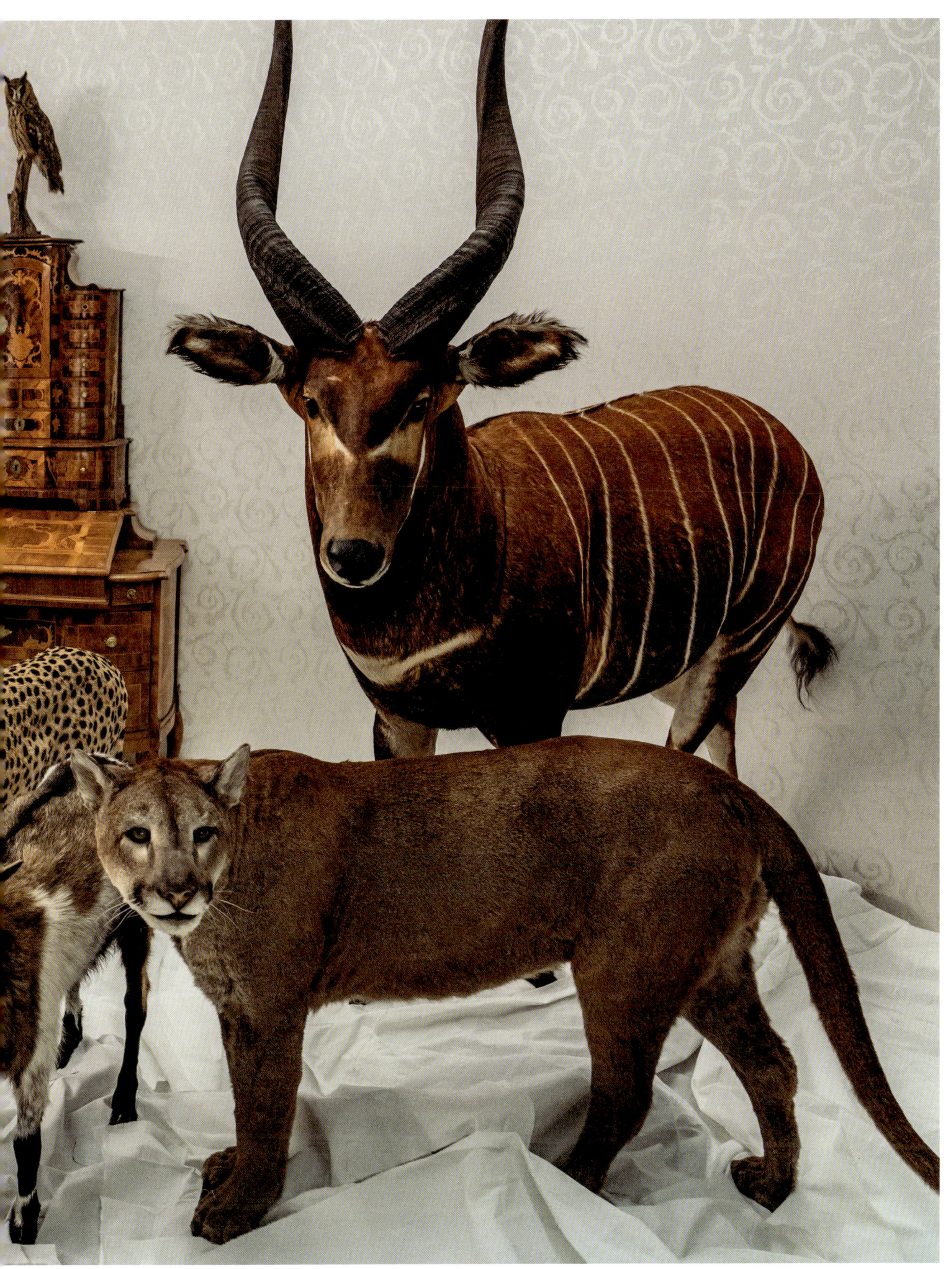

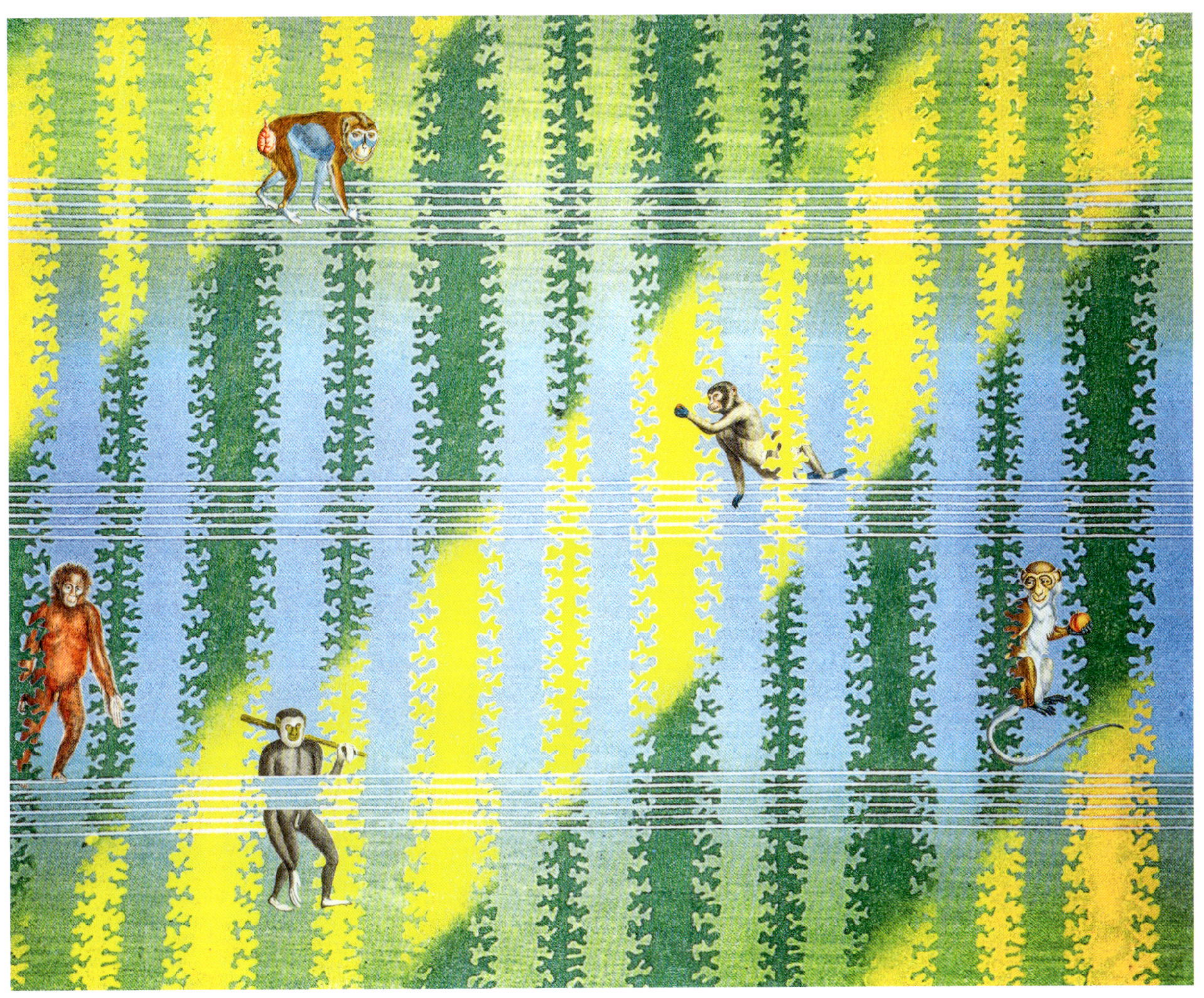

Heaven Can Wait I Papierschnitt auf Leinwand / papercut on canvas, 127 × 161 cm, 2021

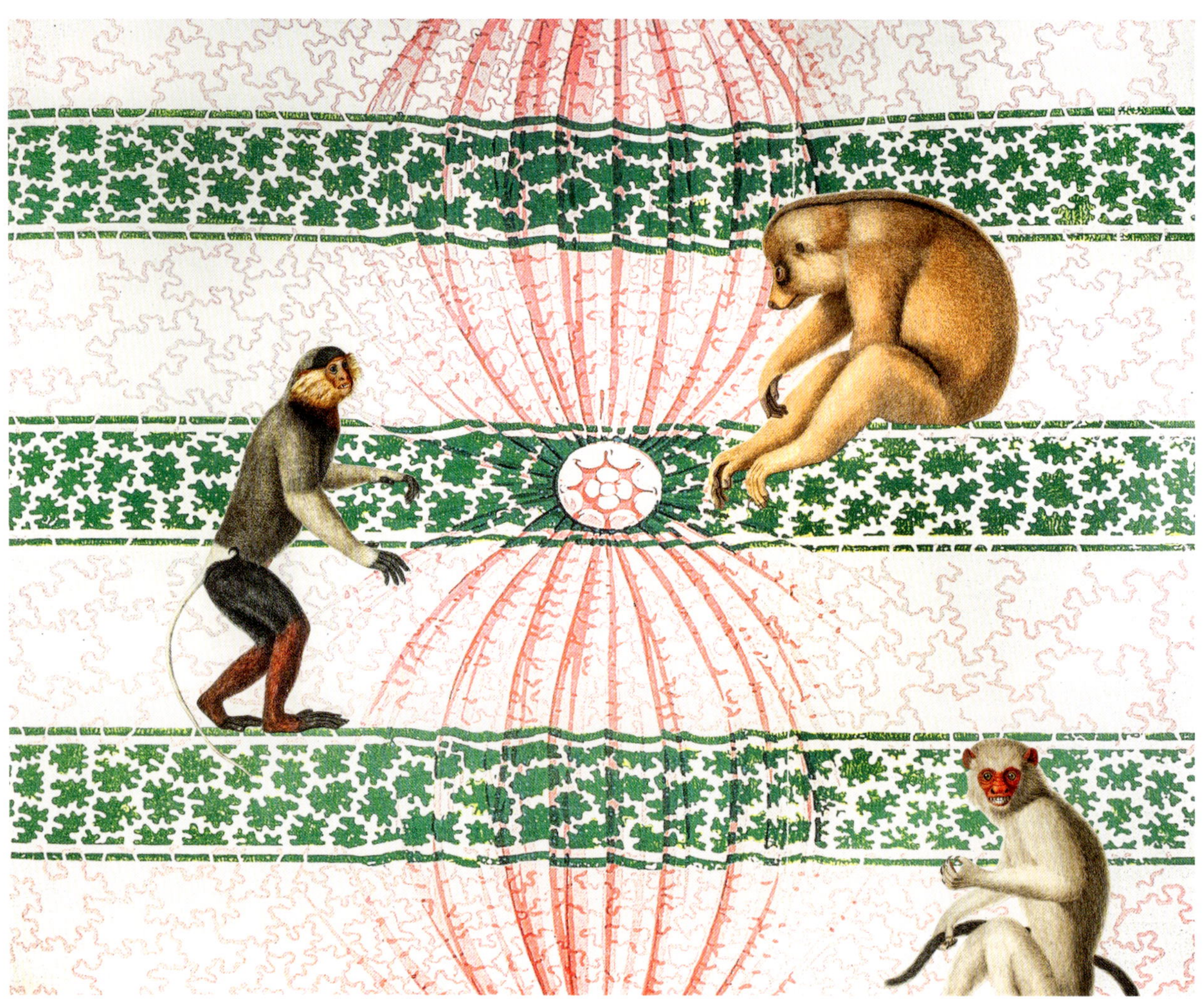

Heaven Can Wait II Papierschnitt auf Leinwand / papercut on canvas, 127 × 161 cm, 2021 116

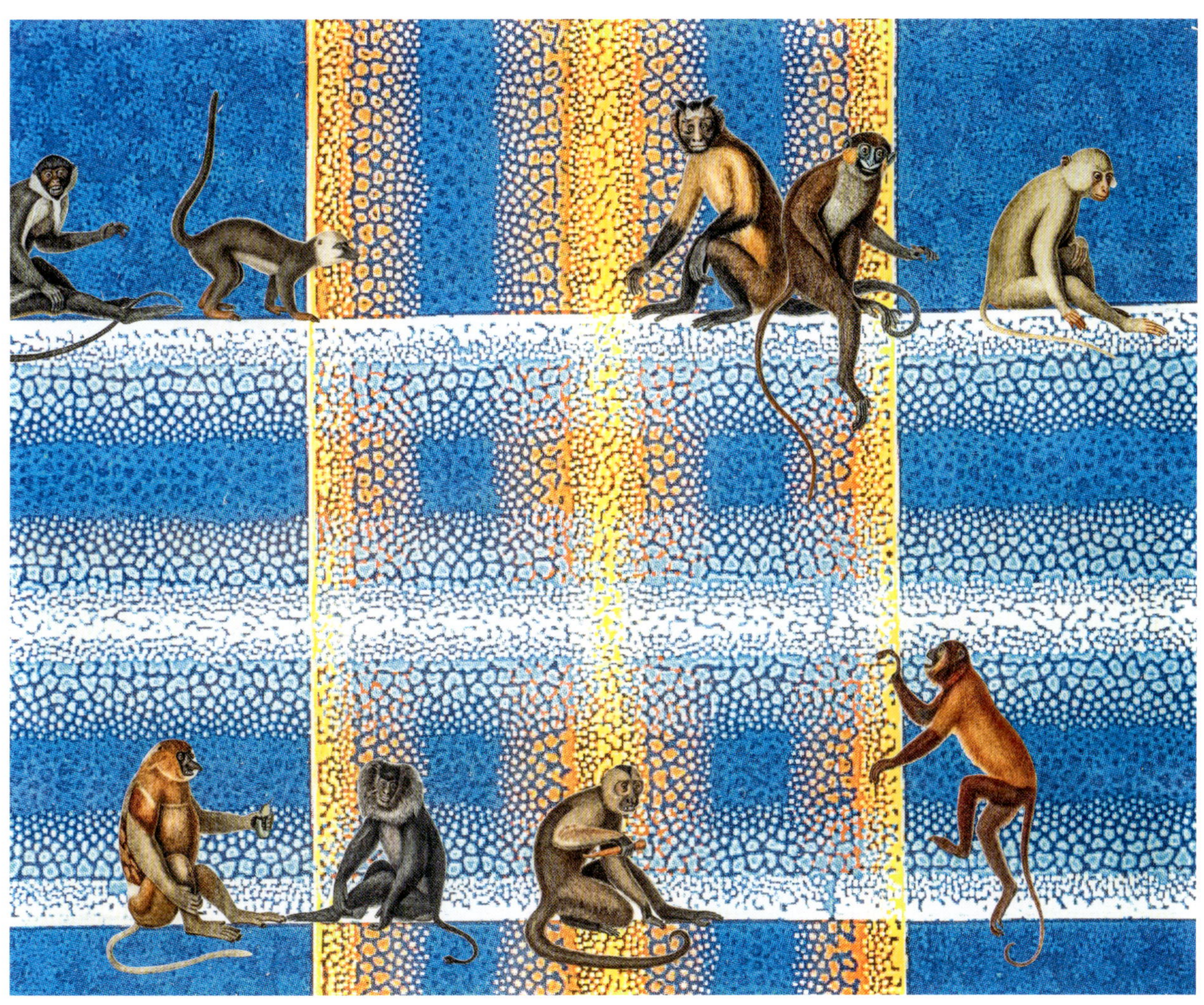

STEINBRENER/ DEMPF & HUBER
A Portrait

Michaela Seiser

The artist group, founded in 2005 and comprising the sculptor Christoph Steinbrener, the photographer and graphic designer Rainer Dempf, and the architect Martin Huber, produces works of art conceived as commentaries on social issues. Most of their works are elaborate interventions and temporary sculptures in public space. These whimsical, comical, and often provocative situations ironically convey a subtext. Underlying all of the artists' works is the conviction that art has a function that goes beyond contemplative viewing, that confronting "social circumstances," as their artist statement puts it, is the basis for aesthetic production.

A prime example of Steinbrener/Dempf & Huber's working method is the project *Capricorn Two* [p. 97]. In the summer of 2015, the trio set cuckold's horns atop the head of the old Bismarck statue in Hamburg's Elbpark in the form of a larger-than-life ibex. This contribution to the Hamburg Summer of Architecture gave the impression of a guerrilla campaign marking Bismarck's 200th birthday. With their intervention, the group wanted to draw attention to a resurgent German-nationalist Bismarck cult, motivated by the mobilization of the AfD Party and the Pegida movement on the anniversary of the Reich Chancellor, as well as by plans to renovate the monument for 13 million euros. Viewing the horned statue from afar was a diabolical sight. Initiated and financed by Hamburg citizens in 1906, the monument—at 34 meters high the largest of its kind—shows the statesman as a knight with sword unsheathed, looking towards the River Elbe. At his feet, the Germanic tribes are encamped on a huge pedestal, which contains a vault inside—no longer accessible today—decorated with a swastika, oak leaves, and an eagle. Damaged by bombs in the Second World War, the monument was in danger of tumbling down and becoming what it once was before the material was molded into shape and ideologically infused: a pile of several tons of granite, in other words, the natural habitat of the Alpine ibex. The animal had now reconquered its terrain.

Capricorn Two is part of a series of artistic interventions that deal with the cult of personality and stately monumental sculptures. The artists subvert the meaning of these landmarks and their embedding in the cityscape, proposing a new interpretation. The principle behind these "parasitic interventions," as Christoph Steinbrener calls them, is similar to what biologists describe as parasitic behavior when organisms feed on others without (instantly) killing them. In Steinbrener/Dempf & Huber's work, objects are grafted onto or superimposed on historical sculptures, only taking on meaning in conjunction with these substructures, which they temporarily degrade to a mere pedestal. The supplementary artwork compels the viewer to rethink habits of interpretation. It forcibly subjugates the historical work of art and violates the integrity of those depicted, discrediting them or placing them in a new context, before then being removed again after a few months.

The parasitic object used in the above project, the ibex, refers to another theme that recurs in the oeuvre of Steinbrener/Dempf & Huber: the reconquest of the urban landscape by flora and fauna. The work *Durchbruch* (Breakthrough), for example, shows a tree about 20 meters tall that seems to have spontaneously pushed up through a paved path at Schönbrunn Zoo. Veering out of control, nature takes possession again of habitats from which humanity has banished it. The artist group terms this "symbolic re-naturalization," well-aware that the nature depicted is artificial, merely a replica. This applies not only to the plastic ibex but also to the taxidermied animals that play a central role in the exhibition *Heaven Can Wait*, as well as in a series of works from 2012 produced in collaboration with the Natural History Museum Vienna. In keeping with classical genres, the animal mounts become *nature morte*, or are shown in a diorama in a habitat that has now once again become exotic, just as it was in the nineteenth century. So the real issue here is not re-naturalization or going wild but the disappearance, the dying away of nature. The same theme was in evidence in the 2009 intervention at Schönbrunn Zoo the group titled *Trouble in Paradise* [P.10]. Railway tracks in the buffalo enclosure, a toxic waste barrel floating in the aquarium, a car wreck in the pond where the rhinos bathe, and an oil pump amidst the penguins destroyed the idyllic scenery and confronted the visitors with harsh reality.

Scientific references and critical commentaries can also be found in the work *Crazy Horse, a disruptive trap* [P.101], which the group realized in 2017 at Kunstraum Dornbirn. Here, Charles Darwin symbolically turns the world upside down. Young Darwin casually stands on a rope that lifts a monumental wooden structure from its resting place. Wearing a Stanford hoodie, he represents the economic Darwinism that underlies a business and growth model in which the term "disruptive innovation" describes products designed to gradually stamp out the competition. This cannibalistic tactic was made famous by companies such as Uber, Google, and Facebook, with corporate founders educated at Stanford, the university that "functions as an incubator to spawn new global corporations."[1] The work therefore not only deals with a scientific theory from the nineteenth century that revolutionized biology but also describes an economic and social structure that is currently coming apart at the seams.

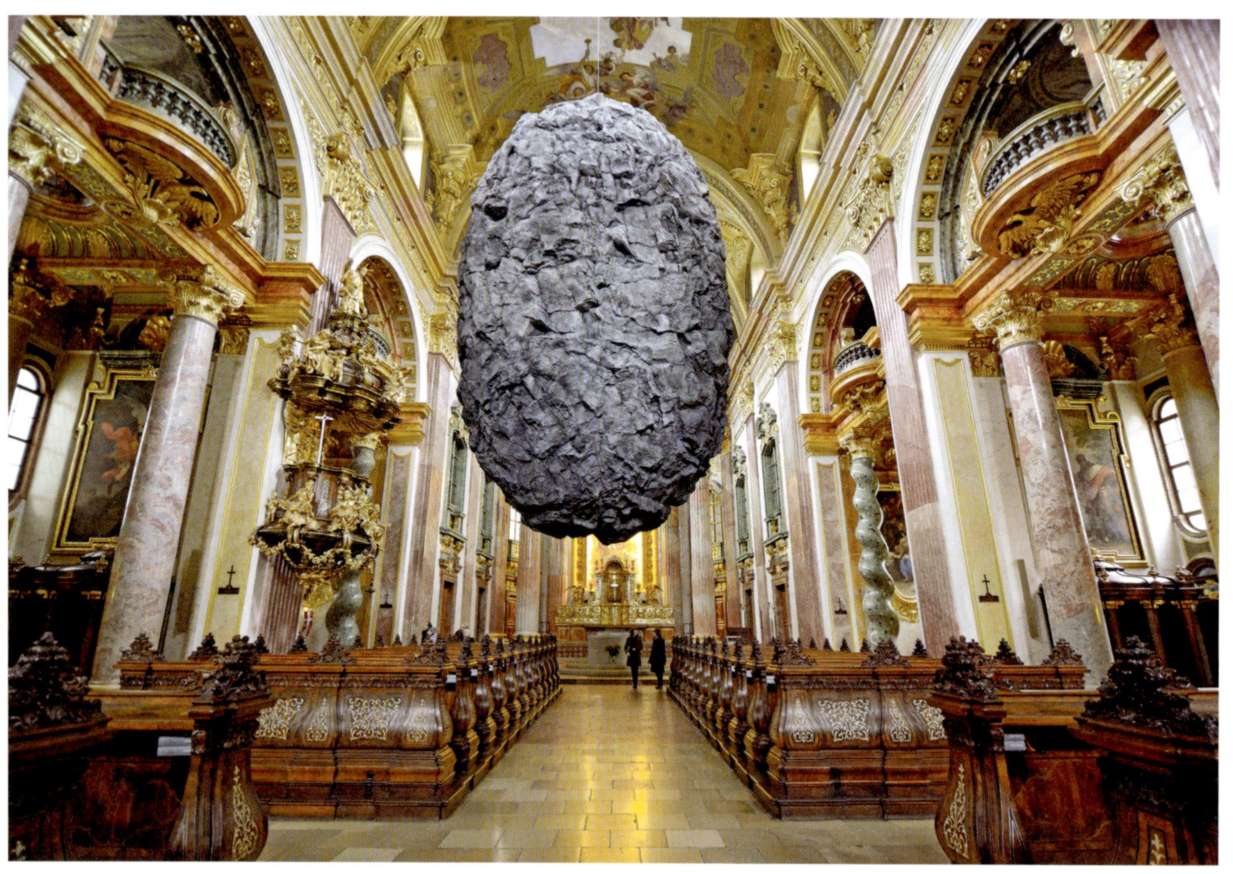

The multi-layered allusions and themes treated by Steinbrener / Dempf & Huber are gathered together in the five work groups featured in the exhibition *Heaven Can Wait* under the overarching question: What might the future look like?

The group of works titled *Tokyo Compression* [p. 16–25] shows an ibex fleeing its habitat, complemented by collages that appropriate iconic images from the tourism industry. The theme here is the insatiability of a culture of adventure that is all about consuming ever greater stimuli and more spectacular experiences while conquering every last corner of the remotest natural landscapes with lifts and cable cars. The work is a sequel to the project *Cliffhanger*, which Steinbrener / Dempf & Huber realized in spring 2021 on the steep walls adjacent to Myra Falls in the Ötschergräben Nature Park. The tourist information center set in the middle of the rock face comments on a leisure industry that maximizes profits at the expense of nature.

One Size Fits All [p. 38–47] catapults the viewer into outer space, thereby addressing the future visions of all the dreamers who have set their sights on Mars as a habitat for humans. We see a view back to Earth, contaminated with space debris and objects that may have escaped from an interplanetary moving box. The work casts doubt on the Anthropocene-age strategy of trying to solve problems created by industrialization and technology with even more technology.

Industrial Light and Magic [p. 62–71] focuses on another theme omnipresent in the trio's work: Hollywood as a dream factory churning out imagery and ideas. The diorama quotes the movie *I Am Legend*, which played through a pandemic scenario back in 2007. Hollywood has made several films based on Richard Matheson's eponymous 1954 science-fiction novel (*The Last Man On Earth*, 1964; *The Omega Man*, 1972), coloring our imaginations long before the pandemic became a reality.

The work group *Up in the Air* [p. 84–92] shows a flock of birds, likewise a recurring motif for Steinbrener / Dempf & Huber. Birds are often depicted in scenes of active resistance, attacking humans and the buildings they erect. In 2017, under the title *Critical Mass* [p. 7], a flock of spotted woodpeckers attacked the Kunstraum Dornbirn, perforating the façades like darts. In the diorama on display at the Schlossmuseum Linz, the swarm carries away the Empire State Building, on top of which is perched a human being. Nature strikes back, not content with the role of passive victim so often ascribed to it by humans.

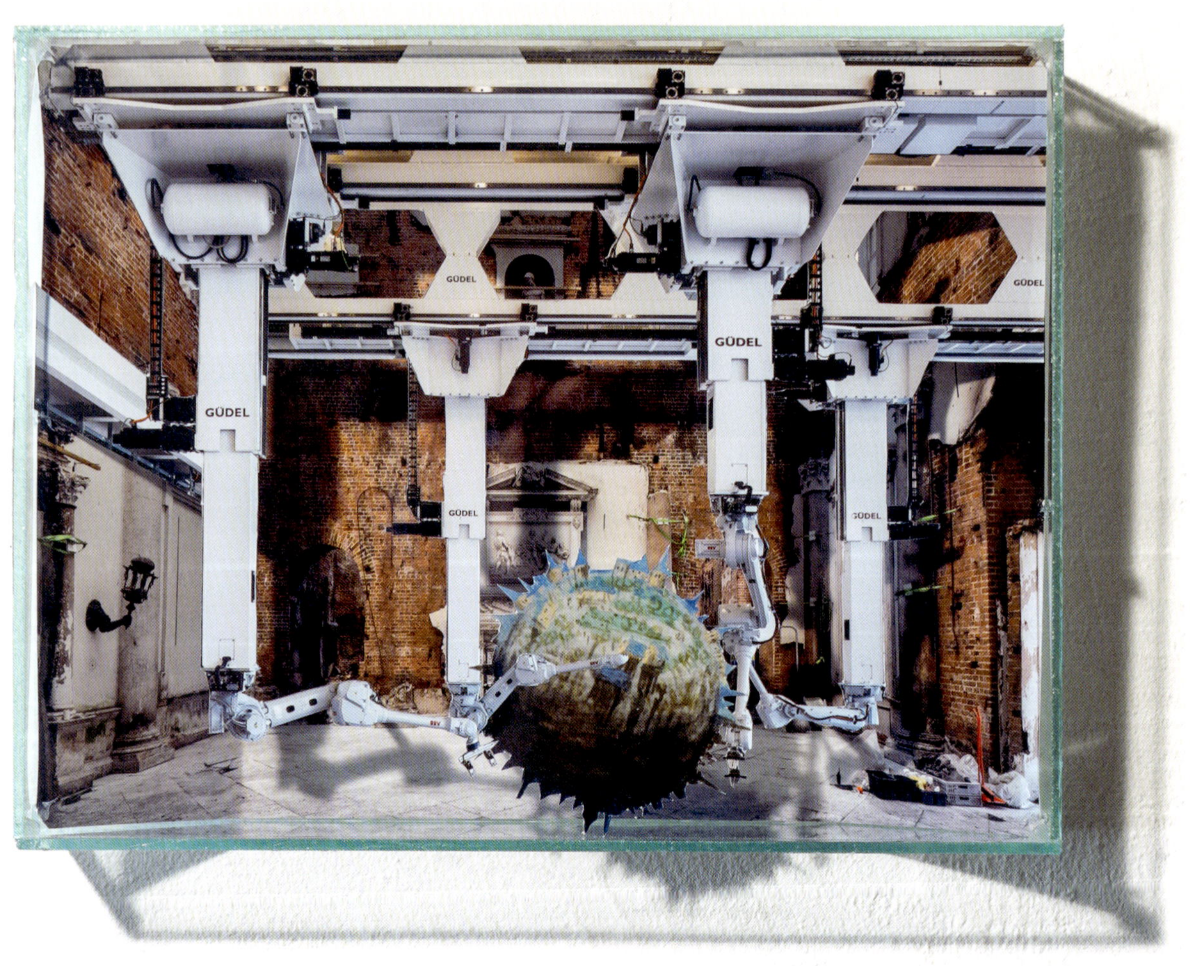

GÜDEL
GÜDEL
GÜDEL
GÜDEL
GÜDEL
GÜDEL

Our idea of nature as being an adventure playground, supplier of resources, and allotment garden all wrapped up in one is satirized in the diorama *Heaven Can Wait* [p. 104–117]. It shows a group of animals of diverse species and genera from various habitats, some of them predators, all gathered under the portrait of a kangaroo in a Biedermeier interior. Harmlessly posing as if for a family photo, the wild animals embody the human desire to control, tame, and consume nature.

The dioramas in the exhibition are accompanied by silhouettes on screens that play variations on and supplement the motifs. They belong to the group of so-called *studio works*: photographic works, collages, showcases, and mini-dioramas [p. 124] that further develop and transform the large sculptural works. It is not immediately apparent whether these works were made as sketches before the implementation of large-scale projects in public space or museums, or whether they are produced subsequently to refine the ideas therein. The floating stone, for example, originally installed in 2015 in the Jesuit Church in Vienna as a giant artificial rock titled *To Be in Limbo* [p. 122], forms part of a number of collages and miniature dioramas. In photomontages it floats in the main arch of the Galleria Vittorio Emanuele II in Milan or under London Bridge, or it shows up as an extraterrestrial research object at the NASA Space Center in Houston in the 1960s. In one of the collages in the recent *Tokyo Compression* group it reappears as a counterpoint to the multiple Sugar Loaf Mountains in a view of Rio, or it hovers like a spaceship over Monument Valley. A whole series of works deals with historical monuments, including a small plaster bust of Bismarck with ibex that could have come straight from a shop for devotional items.

In contrast to the meticulous planning that goes into works for public space, the studio works allow the artists greater freedom. These works have an experimental character and can also be read as three-dimensional drafts and sketches of ideas. The artists assemble motifs from historical publications, copies of scientific or cultural illustrations, and reproductions of their own works into filigree collages and miniature dioramas by cutting them out, layering them, interweaving them, and gluing them down. In a process of free association, they compose motifs and shapes with varied proportions and volumes into surrealistic spaces. This results in overlaps not only in the physical sense but also on the level of meaning. These works are anecdotal, humorous, and playful. They are conversation pieces in the figurative sense, visualizing the conversations and artistic exchanges between the sculptor, the photographer, and the architect. The works give us a glimpse of an approach to image-making that is based on research and on working through ideas by way of constant rearrangement and expansion of repetitive basic motifs in various spatial situations, with each of the three artists contributing his own craft. Multi-layered works of art result, while the continued parsing of recurring subjects in terms of both content and form extracts a quintessence that provides the basis for Steinbrener/Dempf & Huber's incisive large-format installations.

1 Fahim Amir: "You need a weatherbird to know which way the wind blows," in exh. cat. *Steinbrener/Dempf & Huber Arbeiten 2007–2017*, Kunstraum Dornbirn (ed.), (Vienna, 2017), 39–40.

Dank / Acknowledgements
Doris Pitour, Eva Zimmermann

Impressum / Colophon

Dieser Katalog erscheint zur Ausstellung *Heaven Can Wait – Steinbrener / Dempf & Huber*, im Schlossmuseum Linz vom 25. März bis 3. Oktober 2021, kuratiert von Michaela Seiser.

This catalogue is published as part of the exhibition *Heaven Can Wait – Steinbrener / Dempf & Huber* held at Schlossmuseum Linz from March 25 until October 3, 2021, curated by Michaela Seiser.

Eine Publikation der /
A publication of the
OÖ Landes-Kultur GmbH

Medieninhaber, Geschäftsführung / Media owner, director
Alfred Weidinger
OÖ Landes-Kultur GmbH
Museumstraße 14
4020 Linz
Austria
www.ooelkg.at

Herausgeber*innen / Publisher
Alfred Weidinger für die
OÖ Landes-Kultur GmbH
Michaela Seiser

Texte / Texts
Petra Lange-Berndt
Nora Pierer
Michaela Seiser

Übersetzung / Translation
Jennifer Taylor

Lektorat / Proofreading
Julia Friehs
Anna Mirfattahi
George Frederick Takis

Fotos / Photographs
Rainer Dempf

Gestaltung / Design
Martin Faiss

Lithografie / Lithography
Markus Wörgötter

Druck / Print
Gerin Druck GmbH
Gerinstraße 1–3
2120 Wolkersdorf
Austria

ISBN 978-3-903572-28-7

Erschienen im / Published by
VfmK Verlag für moderne Kunst GmbH
Schwedenplatz 2/24
1010 Vienna
Austria
hello@vfmk.org
www.vfmk.org

Alle Rechte vorbehalten /
All rights reserved
© Verlag für moderne Kunst, die Herausgeber*innen / the editors, die Künstler / the artists, die Autorinnen / the authors, der Fotograf / the photographer

Vertrieb / Distribution
Europa / Europe: LKG,
www.lkg-va.de
UK: Cornerhouse Publications,
www.cornerhousepublications.org
USA: D.A.P., www.artbook.com

Bibliografische Information der Deutschen Nationalbibliothek Die Deutsche Nationalbibliothek verzeichnet diese Publikation in der Deutschen Nationalbibliografie; detaillierte bibliografische Daten sind im Internet über dnb.de abrufbar.

Bibliographic information published by the Deutsche Nationalbibliothek The Deutsche Nationalbibliothek lists this publication in the Deutsche Nationalbibliografie; detailed bibliographic data is available on the Internet at dnb.de.

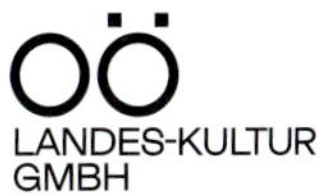

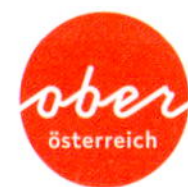

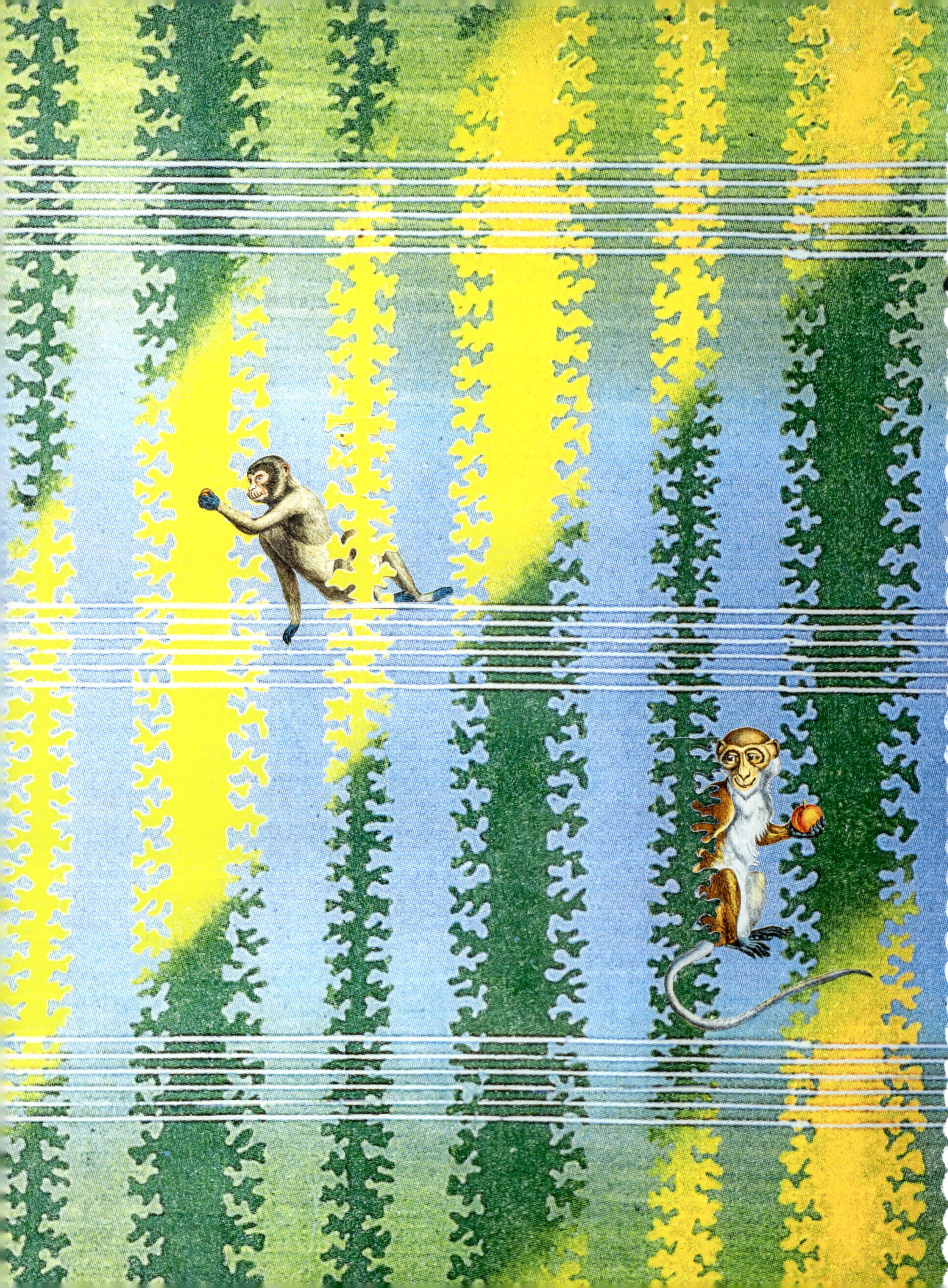